AF619026

Adam Jarosz

Heba, das Mädchen aus Kairo

Erzählungen · Gedichte · Dramatische Skizzen

Adam Jarosz

Heba, das Mädchen aus Kairo

Erzählungen · Gedichte · Dramatische Skizzen

Stuttgart 2011
Edition Noëma

Bibliografische Information der Deutschen Nationalbibliothek
Die Deutsche Nationalbibliothek verzeichnet diese Publikation in der Deutschen Nationalbibliografie; detaillierte bibliografische Daten sind im Internet über http://dnb.d-nb.de abrufbar.

Bibliographic information published by the Deutsche Nationalbibliothek
Die Deutsche Nationalbibliothek lists this publication in the Deutsche Nationalbibliografie; detailed bibliographic data are available in the Internet at http://dnb.d-nb.de.

∞

Gedruckt auf alterungsbeständigem, säurefreien Papier
Printed on acid-free paper

ISBN-13: 978-3-8382-0316-4

© *ibidem*-Verlag
Edition Noëma

Stuttgart 2011
Alle Rechte vorbehalten

Das Werk einschließlich aller seiner Teile ist urheberrechtlich geschützt. Jede Verwertung außerhalb der engen Grenzen des Urheberrechtsgesetzes ist ohne Zustimmung des Verlages unzulässig und strafbar. Dies gilt insbesondere für Vervielfältigungen, Übersetzungen, Mikroverfilmungen und elektronische Speicherformen sowie die Einspeicherung und Verarbeitung in elektronischen Systemen.

All rights reserved. No part of this publication may be reproduced, stored in or introduced into a retrieval system, or transmitted, in any form, or by any means (electronical, mechanical, photocopying, recording or otherwise) without the prior written permission of the publisher. Any person who does any unauthorized act in relation to this publication may be liable to criminal prosecution and civil claims for damages.

Printed in Germany

An den Leser

Die vorliegende Textauswahl erscheint nun im zweiten Erzählband. Darin sind weitere unveröffentlichte Geschichten sowie Lyrik und dramatische Skizzen aus den Jahren 2000 bis 2011 eingegangen, die in einem retrospektiven Blick diejenigen Bilder umfassen, die nun reif geworden sind und eine Brücke zur neuen Wirklichkeit schlagen dürfen. So bin ich auch diesmal zuversichtlich darin, dass du, dir Zeit und nötige Ruhe genommen, den Raum dieser sich vor dir öffnenden Welt betrittst und dich darin für eine Weile vergisst, als wäre alles Verlorengegangene wieder da – sequere intro me!

Unser Leben ist wie ein unendliches Meer, auf dem sich langsam die Dämmerung breit macht und verdichtet, bis nur noch ein paar wahllos verstreute Leuchtfeuer einen ungewissen Schein verbreiten; was dazwischen liegt, ist stumme Finsternis.

Ola Hansson

Inhalt

Erzählungen

Gedichte

Dramatische Skizzen

I. Abteilung

Erzählungen

2000

Weggehen und sein

Um mich versammelte sich die Menge. Es fielen zweideutige Worte. Die Gesichter schwollen an mit einer aufgetauten Klage. Die Frauen gingen immer näher heran und ihre dunklen Kleider legten sich in Falten einem Wachs gleich, das in der fortdauernden Stille auf einer Totenkerze erstarrt. Ihre Haare glänzten und die Süße ging fort von ihnen, die Süße, welche nachts ihren Männern ein Gefühl der Nähe gab, wie es auf Erden nur möglich war, ein Gefühl göttlicher Kühnheit. Ihre Gesichter spiegelten die Wolken wider wie die Fensterscheiben einer verlassenen Laube, die mit einem Dickicht langjährigen Einvernehmens zuwuchs. Ihre Hände verfolgten meine trotz des Alters in erstarkter Kohäsion gewandten Bewegungen. Die Männer, die sich hinter ihnen, die stets als Vorwand im Streit um das Schöne waren, verbarrikadierten, bewarfen mich mit spöttischer Geschwollenheit des Gelächters. Wie hätte ich mich denn nur bewegen können? Wie hätte ich denn einen Weg unter diesem Dickicht unermesslicher Verwickelung einer Egopathie finden können? Trotzdem sah ich sehr deutlich, wie die Sonne in ihrem Odem anschwillt. Ich sah, wie sie mit ihren dünnen Händen die Wolken auseinander treiben, um mein Gesicht deutlicher zu sehen. Was suchten sie darin wiederzufinden? In gewissen Abständen folgte dann der Wechsel. Die einen gingen sichtlich erschrocken, gleichsam in einem Tunnel städtischer Augen, die anderen schauten zu und schienen Überlegungen anzustellen. Vielleicht werden daraus gar etliche Künstler entstehen? Naturalisten? Vielleicht wird mein Anblick gar bei dem einen oder anderen einen thermischen Schock hervorrufen, der in seinen Versen symbolischen Wortspiels der Gemeinschaft zuteil wird? Vielleicht wird er seitdem nicht einen glühenden Boulevard durchqueren, in welchem dem Auge unbekannte Zweideutigkeiten serviert werden? Indes merkte ich, dass ich seit einiger Zeit von einem Menschen beobachtet werde. Ein großwüchsiger mit einer Mappe voller Verpflichtungen und einer schwitzenden Stirn, von der die fallenden Tropfen den Glanzlack seiner spitzen doch durch die Mode noch zugespitzten Schuhe glätteten. Ich dachte, mein Verhalten müsse in ihm seltsame Assoziationen hervorrufen, vielleicht wurde ich zu einem Exemplar, das ihm einst sein Kind nach einer ganztägigen Wanderung durch die Felder mit der Frage nach seinem Namen mitbrachte, den er nicht wusste? Zwar befanden sich im Aussehen jenes Wurms, eine solche Klassifizierung scheint an dieser Stelle zu genügen, diese oder jene Merkmale, welche wiederum andere gleich unpräzise Merkmale verbanden, doch eine Benennung wollte er nicht riskieren. Als Lösung erschien das Entleeren des Glases. So schaute er mir zu und versuchte, meine Zugehörigkeit zu benennen, wenngleich sich diese mit etlichen in seinem dünnen Leib angewachsenen Identitätsvorstellungen streiten musste. Ich bemerkte gleichermaßen, wie sich sein Kopf auf eine Seite neigte, wie wenn sein Körper zur Begierde eines Pendels wurde, nein, wie wenn diese selbst ihn auf dem Weg ins Büro gänzlich aufnehmen würde, als er die kleinen weißen Schilder der im Schaufenster in einer Reihe ausgelegten verstorbenen Goldarmbanduhren musterte. Die Kalkulation ergab stets dasselbe Ergebnis, die Linie ging immer ein und denselben Weg, gerade, und es konnte vom Versehen keine Rede sein. Es war eine Berechnung des Potenzials eigener Unternehmungskraft, der zur Seite gekämmten Haare des Chefs, der die Nase stupsenden Frau und der langen Nächte (- nicht unbedingt mit seiner Frau). Er neigte also den Kopf zur Seite und es schien mir gar eine Zeit lang, als ließe ihn eine der Seiten mich besser begreifen. Ich weiß, ich irrte mich, denn nach einer Weile wurde er von seinem Markenarmband buchstäblich zersetzt, wie es scheint, seinem stillen Raubtier. Und die anderen? Wie ich bereits erwähnte, ihre Zusammensetzung änderte sich, sie kamen und gingen, und wenn ich meinen Kopf doch nicht immer wieder erhoben hätte, um dieses sich um mich herum vollziehende Ereignis zu beobachten, so hätte ich wohl glauben müssen, diese Menschen hätten eine Abrede getroffen und nun tauschen sie ihre Plätze, indem sie mal auf diese, mal auf jene Seite gehen, um so eine Atmosphäre einer Aufmerksamkeit auf mich zu erzeugen. Vom Zeigen mit einem weisenden Finger konnte doch nicht die Rede sein. Man habe schließlich doch dies und jenes von zuhause mit auf den Weg beigebracht bekommen. Wie auch immer, aber eine solche Geste gehöre sich nicht, ich bitte Sie Herr, Frau, Sie wissen… Die Nachmittagsstunden vergingen also im Zeichen einiger Greisinnen, verlassener Greise und des „Professionals“ (ich nahm an, dass die Bezeichnung jenes schlanken Mannes zu einem hohen Grade meine Bemerkung wiedergibt, wenn es sich um die Weise seiner Beobachtungsart handelt, vielleicht messe ich mich einmal mit ihm?). Am Nachmittag erschienen die Kinder. Eines von ihnen, scheinbar aus einem Haus, in dem das Pflegen eines Porsches nicht zur alleinigen Tätigkeit des Tages gehört, stand lange vor mir, nein, eigentlich versuchte es, vor mir zu stehen, denn es ging nervös mal an meinem rechten, dann wieder am linken Arm, als wenn es da Spuren von Flügeln zu entdecken wähnte. Vielleicht erzählte ihm eine der vorübergehenden alten Frauen, dass die Engel unter uns leben, die Stillen? Sah ich denn einem jener ähnlich? Oder versuchte es vielleicht nur, militärische Grade an meinen Seiten zu entdecken, die Sternchen. Ein Rang erweckt doch stets eine Achtung. Man verbeugt sich gar. Was für eine Ehre, sich zu verbeugen, sich zu neigen... Doch ich irrte mich, denn, wie sich herausstellte, war das Ziel dieser Erkundung die Jackettasche, die es erst nach einigen Minuten mühsamer Arbeit entdeckte. Es streckte schließlich seine dünne Hand an meinen rechten Arm und steckte in meine Tasche einen Bonbon, der in ein goldnes Papier umwickelt war, worauf es weglief. Ich spürte nachher, es war wahrscheinlich ein Schokobonbon, wie sich dieser in meiner Tasche regelrecht auflöst, das bestätigte auch der Fleck, also doch. War denn die Schokoladenschicht denn nicht gut genug vom Papier umhüllt? Musterte das Kind, bevor es den Bonbon in meine Tasche gesteckt hatte, diesen nochmals auf den Inhalt hin? Schmeckte es daran, spuckte ihn aus wie ein Fisch, der den Köder erkennt, bevor er zum Opfer wird? Dann kamen andere Menschen hinzu. Es schien, als wenn sie auf dem Weg zu einer Feier wären. Sie hielten Blumen, irgendwelche Packungen in den Händen. Eines der Mädchen schaute sich um. Als sie verschwunden waren, arbeiteten meine Sinne immer noch daran. Ihr Körper war so jung, und doch erprobt. Mit dem kommenden Abend stieg auch die Masse der Menge an. Es waren vorwiegend junge Leute darunter. Zwei Deutsche, dann andere, dann eine ganze Touristengruppe – welche durch die abendlichen Kreuzgänge geführt wurde. Es soll für sie sicherlich eine der unvergesslichen Momente gewesen sein, um diese Uhrzeit das Antlitz der Altstadt zu sehen, vielleicht wollten manche gar hier bleiben? Aber ich! Meine „Person“! So ziemt sich doch nicht! Während man die Untergangsgeschichte der Zivilisation erklärte, ahmten die anderen mit den Lippen das Echo nach. Es gab jedoch auch solche, die sich meiner annahmen. Wollten sie denn ein Foto zusammen mit mir haben? Wurde ich zu einer Attraktion? Dann gingen sie aber weiter bis unter die große Rathausuhr. Sie alle, und es war eine wahrlich seltsame Gruppe, schauten mal das große Zifferblatt der Uhr an, es näherte sich indes die Mitternacht, dann wieder die verkleinerte raubtierartige Form derselben, die sich auf jeder der nun vor sich ausgestreckten dunklen Hände einnistete. Es schien, als ob alle eines Befehls, eines Zeichens harrten, nur einer einzigen Geste, die in ihnen, wie in einer Puppe, die an unsichtbaren Fäden in der Hand eines talentierten Künstlers gezogenen wird, unbewusst etwas erweckt, womit sie lebten, was sich in sie hineinschraubte, die es nährten, sich davor fürchteten und es verfluchten. – So viele Gegensätze gab es in ihnen, wenngleich nur *eine* Bewegung, die Einstellung einer genauen Uhrzeit. Als ich aufwachte, war die Gasse durch eine Kühle, eine herbe destillierte Kühle überschwemmt. Ich glättete meine Haare zurecht nach links, zog mich ein wenig hoch, denn das Sitzen mit aufeinander vor sich gelegten gekreuzten Beinen, wie ich auch einzuschlafen gewohnt war, mir letzter Nacht einige näher unbekannte Schmerzen zufügte. Ich griff in die linke Jackettasche und holte die Reste der Schoko-Leere heraus. Einen Moment lang schaute ich sie an und kleidete die Gedanken in eine fast schon verwitterte Süße, um letztlich den Rest den schon bei mir wartenden Hunden zu werfen, die morgens in Scharen die Straßen bevölkerten. Ich schloss die Augen. Mir schien, ich würde auf einem Kanal eine Paddelbootsfahrt unternehmen. Der Geruch verdrängte meine Gedanken keinesfalls. Um diese Uhrzeit?, und doch – der Schweiß am Gesicht. Ich fühlte, wie die Tropfen meinen ganzen Körper hinunter fließen. Die geöffneten Augen verwendeten ihren Blick im Bild des „Professionals". Er starrte mich an, doch seinen Kopf hielt er gerade. Er blickte auf seine Uhr, und es kam das, was ich befürchtete. – Bevor er den Kopf zu heben vermocht hatte, wurde er, so wie er war, durch den über die Nacht an seinem Arm gemästeten Leib aufgezehrt – warum, bei Gott, entledigte er sich seiner nicht über die Nacht! –, um aus der Leere auch noch den Raum für die Existenz der erstarrenden Stunden aufzusaugen, einer für die Nacht gelassenen Götterspeise gleich, die morgens zum Leben erwacht, wohl abgeschmeckt, und fertig, wie sie ist. Ich stand auf, ohne mit den Hunden wetteifern zu wollen. Ich ging die Häuserzeile der Altstadt hinauf, solange das Raubtier seinen Trieb mit der Auserwählten sättigt. Weggehen und *sein*, dachte ich, nichts mehr.

Die tote Welt

Wir leben am Ende eines Jahrhunderts. Was steht uns geschrieben? Was wissen wir nur? Eine einsame Frau geht durch die Tuchhallen. Um sie erstreckt sich die Leere. Die Tage wurden zu Nächten und die Nächte zu Tagen. Sie geht und ihre Gedanken tun sich zusammen und fliegen auf über die Jahrhunderte aller dunkler Gassen und Tage im Winter, über alle finsteren Stuben mit den Frauen, die mit wie zum Gebet gefalteten Händen auf ihre Männer warten, welche jede Nacht mit den um das Herz flehenden Händen kommen. Stille Waldwege scheinen nun so vertraut. Noch nie war sie den verschneiten Pfaden so nah wie jetzt. Doch ihr Herz verwandelt sich. Schon entspringt ihm die Stimme der Jahrhunderte. Kennt sie diese? Antwortet sie ihr? Sie schaut sich um, ob sie vielleicht doch jemand hört. Ob sie jemand anschaut? Und nun entwächst sie ihr und wird sie selbst. Auf einmal sind sie eins. Sie greift nach ihr. Ein so sanfter Ton umweht sie, wie nie zuvor. Es ist die Stimme der in der Sonne gebadeten Portale. Es sind die Trommelschläge, die nächtens um die Erlösung der Seele flehen. Musik und Stimme werden eins in ihr und schon tanzt sie in silbern glänzenden Pailletten. Auf einmal kennt sie all das, was sie sich über die ganzen leeren Jahre vorstellte. Das, was war, verschwand. Was zu sein scheint, ist nicht da. Was da ist, ist sie. Der Wind umweht ihr Gesicht. Hunderte von Menschen gehen an ihr vorüber – es sind Schatten. Es sind jene, die hier vor ihr waren. Doch sie will es schaffen und auf einmal wird sie zu Jahrhunderten an den Sopraporten verschlafener Gebäude. Sie beugt sich, geht in sich hinein, doch schon erliegt sie. Nein, sie erlag nicht, sie tanzt. Sie hört den Trommelschlag. Doch es ist nicht ihre Sprache, sie kennt sie aber. Woher denn nur? Diese Stimmen kommen ihr so nah vor. Und diese Trommeln, die in sich weite Reisen schließen, eine blutige Jagd. Jetzt ist sie mit ihnen. Sie verbringt die Nächte in einem Zelt. Sie ist keine Kurtisane, doch sie weiß, welch starke Bindungen es im Lager gibt, Sie spielt nicht mit, sondern wetteifert mit allen. Diese Welt ist ihre Welt, sie riss sie mit sich, und wenn sie einschläft, hört sie noch die Melodie und den Wind um sich. Hört sie den Wind immer noch? Nein, nicht mehr, aber die Trommeln. Es dauert so lange und sie tanzt. Sie kann nicht aufstehen, sich nicht vom Tanz losreißen und sieht, dass für sie gespielt wird und dass die langen Nächte ihre sind: Auf einmal stürmen Menschen über sie, sie will sich ihnen entreißen. Vorbei. Doch sie sieht wieder stille Säle vor sich, Chore in einem Kloster, Frauen, die mit ihrem Sang ihre Liebe in die Hände des Geliebten legen, den sie nie trafen, und doch kennen. Dann die schweren Räume und ein stundenlanges Singen. Sie ist unter ihnen. Die Kerzen. Kerzen? Ja. So still durchdringt die Finsternis ihre Seele und doch geht sie, geht vorwärts ohne sich auch nur zu bewegen. Wer erkennt sie denn nur? Stimmen breiten sich in ihr aus. Schon gehen sie zu ihrer Rechten, die Frauen. Dunkle stille Frauen. Zur linken dunkle Männer. Alle tragen Kerzen. Alle singen. Ihr Sang bildet eine Einheit, die ihr nie zuvor zuteil wurde. Die zarte Kruste ihrer Oberfläche birst. Sie kennt diese Stimmen, doch sie sind anders als die einstigen. Vorbei. Zur Rechten die Glasperlen und Kreuze und nur eine Stimme. Wessen nur? Vorbei. Doch schon gehen die anderen. Es kommt zurück, sie hört eine Stimme. Sie wächst in ihr, ist da, lange da, ein Kind ein Lärm und eine Frau. Sie will weg, doch sie fällt wieder. Jetzt nähern sich ihr Menschen in roten Gewändern. Sie erheben sachte ihr Verwirrtsein und legen es vor alle. Doch immer noch… Nein, sie ist bereits mit ihnen. Alles vibriert. Sie sieht eine Frau. Um sie herum Tausende Stimmen, doch es ist nur eine Stimme und wieder Jahrhunderte im Schnee und sich ziehende Reihen stiller Bauern. Und wieder die Frauen in den Häusern und Verheißungen des Kreuzes und die Güte und Leere und Finsternis und ein Schneetreiben. Doch sie *ist* lange da, bleibt noch und schaut zu. Sie hört ein Singen, das Singen, welches der Geschichte die Farben einer Berührung verleiht. Sie hat Angst, dass ihr Herz birst. Und wieder das Singen. Es ist alles für sie, es berührt sie. Doch jetzt sieht sie eine Kirche, sieht Türen, Ikonostasen und eine Hand, die etwas bezeugt im Namen der Wahrheit. Sie sieht das Rot. Vorbei. Plötzlich bleibt sie auf dem Ponte Vecchio stehen. Sie hört Stimmen. Sie ist vor der Kirche am Herderplatz, geht durch den Park, wenn der abendliche Regen die menschlichen Gedanken durchnässt. Niemand ging hinaus, um den Park bei der Dämmerung zu sehen. Doch, ein Mädchen sitzt alleine im Schatten eines Brunnens, mit eigener Vollkommenheit beschäftigt. Sie möchte sich daneben setzen, zusammen zu lesen, doch die Lichter im Schloss rufen sie bereits. Zuerst ein langer Brief. Die Zeit blieb stehen in des Steinmetzen Händen. Sie geht an Menschen vorbei, alle sind von sich selbst berührt, nehmen eigene Vergänglichkeit auf, tun die Bilder in die Alben, die nichts anderes kennen als eben jene großen Vergänglichkeiten immerwährend aufwachender Furcht. Doch schon wieder dringt an sie eine Stimme. Wieder die Trommeln.

Die Stimme, sie fürchtet sich, ihrem Ruf zu folgen. Sie weiß, dass sie da Entrücken und Hoffnung erwarten. Die Stimmen. Hier sind sie nicht. Es sind Frauen, die am Ufer ihre in Booten heimkehrenden Männer begrüßen. Ihre Rüstung glänzt und die Seidengewänder der Frauen streifen sachte die Erde. Noch eine Weile sieht sie es, doch schon blendet sie das Licht. Die Menge bedrängt sie. Sie läuft hinaus und bleibt mitten am Platz stehen. Sie hebt die Augen und in ihre Lungen dringt die noch feuchte Luft des Nachmittages ein. Heute schafft sie es wieder nicht ins Theater. Die Karten wurden ausverkauft. Wie oft wird sie noch dahin gehen und die Aufführung in des Publikums Sinnen beginnen. Heute hätte sie so gern die Aufführung gesehen, doch diese Kerzen, diese Glasperlen, diese glänzenden Pailletten. Und nun nur der Heimweg und die enge Küchenstube und das Fenster auf die grauen im Regen gebadeten Mauern. *Eine tote Welt*, dachte sie; wie gut, dass es morgen auch aufgeführt wird, und sie verschwand im strömenden Regen.

Die Gesichter

In dem Moment, als sie sich neben mich setzte, wusste ich, dass ich sie werde niederschreiben müssen – so wie sie war. Ihre Hände arbeiteten, geschäftig wie ein Nest bauender Vogel. Ihre Augen verschlangen die Stücke, ehe sie mit den Händen daran griff. Die in eine Folie umwickelte Nahrung schien ihren dicken Fingern hin und wieder zu entgehen. Doch bevor in ihren Händen bereits stattfindende Verdauung ihren uralten Prozess zu Ende bringen konnte, begann sie sich mit etwas ganz anderem zu beschäftigen. Ihre Beine. Jetzt wurden sie unruhig. Sie traten in den Vordergrund, wie tote Puppen. Sie beobachtete mal das eine, mal das andere, als wenn sie ihnen vorwerfen möchte, dass sie nie anders waren und dass sie nicht so sind, wie sie sie gerne sehen möchte. – Tote in ihrer Unbeweglichkeit schienen sie ihr zur Last zu fallen wie das durch eine ungetane Buße angeschwollene Gewissen. Doch auch dies wurde nur vorübergehend von Gewicht. Jetzt arbeiteten ihre Augen. Der Kopf drehte sich behutsam, durch den willenlosen Hals gelenkt. Und ich weiß nicht, ob er andere verschlang, wie er das mit der Nahrung trieb. Nein. Aber ihre Hände. Sie waren so unruhig. Nur einmal, gleichsam im Vorübergehen, schaute sie sie an, dann stand sie auf und stieg in den Zug ein. All das dauerte einige Minuten lang, doch ihre Bewegungen, durch die Ewigkeit geübt, kannten keinen anderen Trieb als jenen, durch das Mark bestimmte Ziel zu erreichen, welches dieses in seinem Wesen sein wollte. Mit dem Zug kam das Lachen. Jeder fing an, in seiner versteckten Identität zu versinken. Ungleichgemäß. Doch, bei Gott, plötzlich erblickte ich einen anderen Menschen zwei Bänke weiter von mir entfernt. Wusste er von ihr? Stand sie ihm nah? Verstanden sie einander? Sahen sie sich, ehe der Raum entstand? Jetzt arbeiteten *seine* Hände. Sie holten aus einem Sack etwas von unpräziser Gestalt heraus, das er in sich hineindrückte. In der Tätigkeit vollkommen begriffen, flink war er einem seine Beute fest zu Boden drückenden Raubtier gleich, welches diese immer noch wachsam hütet, als ob sie ihm entgehen könnte, wenngleich sie in seiner tödlichen Umarmung nach und nach ihr Bewusstsein zu verlieren beginnt, als wenn sie damit ihresgleichen zu Zeugen ihres jungfräulichen Opfers anrufen möchte. Doch, sieh nur, wie schon das Blut ihre Stirn benetzt. Es würgt von innen die Massen, die einen Ursang erklingen ließen. Als ich den Kopf hob, war er nicht mehr da. Entkam er, bevor ich den Kampf erblickt hatte? Lief er durch seine Triebe verzehrt fort? Wie hätte ich denn darauf reagieren sollen? Der Bahnhof bevölkerte sich abermals, doch ich sah niemanden mehr, der gleich energisch an seinem Schicksal arbeiten würde – dieses zunächst aufgespürt, um sofort danach zu seinem Opfer zu werden, wenngleich die Rollen immer wieder zu wechseln schienen. Das Schicksal kennt keine Willkür, dachte ich, sie ist ihm ebenso fremd wie die stille Nacht um einen Steinbruch, der immer noch das lebende Gestein der Erde entreißt.

Redde, quod debes

Ich wachte am Morgen auf. Die Finsternis löste sich noch nicht und die Dämmerung machte sich geschäftig an ihrer Identität. Die Träume, die ich träumte, ließen mich auffahren. Ein kurzer Stoß und ich fand mich in einer illusorischen Welt wieder. Ich beobachtete. Ich konnte die beiden Welten nicht auseinander halten. Ich wusste, dass der Traum, in dem ich mich befand, an einigen Stellen die Chance für eine Rückkehr in die Vergangenheit durchschnitt, die noch nicht geworden war und die in sich lebend die Hoffnung auf einen unbestimmten Versuch gab. Ich saß und bemühte mich, die Dinge zu unterscheiden, die mir die Richtigkeit der Vermutungen beweisen und den Kampf mit etwas bestätigen ließen, was verging. Ich hörte Geräusche. Jemand schrie, jemand anders schlich sich durch den Flur, wieder jemand stieg in das eingeparkte Auto. All das war jedoch so weit entfernt von mir, dass ich außerstande war, diese ganze Verleumdung vom geübten Traum zu trennen. Über die Nacht wuchs er dermaßen, dass seine Vollendung geradezu über den frühen Morgen hinaus vor sich ging, als ob er sich über seine Existenz in der folgenden Nacht nicht sicher war. Jemand fuhr weg. Jemand anders verspielte seine Chance für die Rückkehr in die Träume, die *mich* jetzt wieder fanden – unsicher, wie ich war. Ich hörte Vogelstimmen, welche früh aufgewacht die Chance für das Begreifen dieser Welt gaben. Ein erneuter Husten. Das Elementare der Wirklichkeit verband sich in einigen Tönen und meine Aufgabe lag darin, ihnen die Namen zu verleihen. Ich fürchtete mich aufzustehen, um durch eine taktlose Bewegung keinen Anlass zur Rauferei und Mord an den auseinanderstiebenden Täuschungen zu geben. Alles das besaß jedoch keine Autonomie. Das eine hing vom anderen ab, lebte darin, starb ab und aus den durch die Furcht verschleppten Kokons entwickelten sich immer wieder neue Wahnsinnsarten. Jemand lief vorüber. Die anderen blieben immer noch in einer dieser Formen, die für mich nun einen entlegenen Hermaphroditismus annahmen, und zwar in der Form, dass sie für sich existierte, ohne eine oder einen Geliebten in der Vollendung des körperlichen Aktes auf einer zweideutigen Biegsamkeit, an einem scharfen Rand des im Augenwinkel erblickten Blitzes des Willens zu brauchen. Ich wusste, es würde nur eine Bewegung reichen, um den herangelaufenen und inzwischen gefräßigen Geruch der Assoziationen zu identifizieren. Wieder einmal ging jemand vorüber – seine Schritte – voller Pflicht. Sein Wagen gab einige verschlafene Töne von sich – hätte ich denn wohl angefangen zu unterscheiden? – er verstummte, dann ging er wieder an und riss ihn mit sich, um ihn während des Tages fort zu tragen, der er in einer Lethargie konservierter Existenz erkaltete. Und dann seine Frau. Nein, jetzt sah ich sie nicht, doch ich wusste, dass sie sich ihm nähert – einmal beobachtete ich sie beide und seitdem wurden sie eins für mich – als wenn man an der letzten Straßenlaterne vorbeiginge und sich des schon hinter dir heranschleichenden Schattens sicher wäre – das Zuschlagen der Tür und sie verschwanden. Ich beschloss, wenn ich mir einmal dessen sicher sein werde, was ich jetzt nicht genau zu beschreiben wusste –, denn in einer der angenommenen Wirklichkeiten werde ich einst dasselbe sehen –, mir näher ihre Todesanzeige anzuschauen. Werden aber da ihre Namen darauf stehen, oder vielleicht nur ein Datum? Haarfarbe? Farbe des Wagens? Seine Marke? Aber die Namen?! Es begann allmählich zu regnen. Gott, der Regen, doch in einer der Illusionen lief ich nie nass durch die Felder! Ich fuhr auf – ein Blitz zerfetzte mein Augenlicht. Ich fuhr auf – ein großer Wagen fuhr mich an. Ich fuhr auf – ich öffnete die Augen – der Regen. So saß ich eine Zeit lang. Ich horchte. Dies war das Einzige, was mich präsent erscheinen ließ. Ein Wagengebrüll zersetzte die Regentropfen. Also bin ich zurück. Gott, warum hast Du keine zwei Träume geschaffen, von welchen einer in einem glatten Rutsch in die Beständigkeit der Realien des zweiten überginge? Ein Mächtigerer hatte uns die Karten zugeteilt, ehe wir zu protestieren vermochten. Redde, quod debes – und ich fand mich in einem Teil der Prähistorie.

Der Verzicht

Niemand wusste, wo Spaß und wo Wahrheit, wo Ewigkeit und Gegenwart waren. Die Menge wurde dichter wie ein über die Nacht gelassener Sauerteig, aus dem am frühen Morgen Gestalten geformt werden sollten, die der Intensität der Suggestion entsprechen. Seine Masse, klebrig in ihrem Wesen, bildet mit der Zeit eine feste Konsistenz. Jeglicher Hohlraum wird bereits im Prozess des Knetens eliminiert. Die Teigrolle wird in einer gleichförmigen Bewegung über die Fläche gewälzt, die in den Augen dessen, welcher jene Tätigkeit ausübt, als degeneriert erscheint. Mit der Zeit gibt sich die Fläche seinem Willen und die Furchen legen sich in ihrem Inhalt über die Breite des so entstandenen Gebildes. Ich stand an der Seite und beobachtete die sich gerade bildende Konsistenz. Er trug einen schwarzen Mantel, welcher ihm bis unter die Knie reichte, und eine gestreifte Hose, die sich durch seinen ganzen langen Körper zu ziehen schien, stumpf draufblickende Schuhe in der Art einer gezügelten Intimität und eine kahle Stirn, die von nichts zeugte. Was erblickte in ihm aber die Menge auf einmal, was ich nicht wahrnahm? Womit protestierte er gegen die aufgeworfene Proskription? Wodurch kam sein Wille zum Vorschein, denn das war mir klar, dass eben dieser gerade einem Formierungsprozess unterlag, damit seine Konsistenz in einem schon fertigen Produkt dessen Attraktivität zur Schau stellen könnte. Zunächst schien es mir, es wären lediglich harmlose anstandsbedingte Umarmungen, ganz so, wie sich alte Freunde begrüßend umarmen, aus deren Brust jene über die Jahre anhaltende Angst und leise Hoffnung, Unsicherheit und Vermutung entschlüpfen. Lachende Gesichter, nackte Stirne. Doch fingen die Hände bereits an, der kommenden Tat in ihrem Wesen gewachsen sein zu wollen. Langsam drückten sie ineinander zusammen, wenngleich ihrer Bestimmung noch ungewiss – dann dieser plötzliche Blick ins Gesicht. Gott, bedürfte man denn dieses? Die nach vorn gerückten Lippen, als möchten sie das noch immer in den Adern pulsierende Blut schmecken. Ja, jetzt bemerkte ich es. Seine Haare. Grad geschnitten einer Badehaube gleich und ebenso am Nacken, der sich nun für eine Probe eigener Machtlosigkeit vorstreckte. Das verlieh all dem eine gewisse Expressivität; doch ihre Richtung blieb vorerst unbestimmt. Noch eine Weile und der Besan meiner Hoffnung verlor die Notwendigkeit einer Stabilität. Ich sah ihn niederknien und seinen

Kopf sprang ab wie ein gegen eine Mauer mit voller Wucht geschossener halbgepumpter Ball, der dabei ein Geräusch von sich gibt, als öffne man an einem heißen Tag eine Flasche gegorenen Getränks, dessen Inhalt die Hände beschmutzt und noch daran lange haften bleibt, selbst nach einem fünfmaligen Desinfizieren durch ein gründliches Abwaschen. Aus ihm ergoss sich etwas, was die Menge in einer jähen Bewegung abrupt zurücktreten ließ. Ich schaute auf die Uhr. Die Mittagszeit. Ich versuchte, mir den nun entstehenden Geruch durch den Anblick der um den Platz herum in den Verkaufsständen ausgelegten und gärenden Früchte zu erklären. Nun näherte sich ihm aber die Menge. Einer, ja der, welcher ihn begrüßte, wagte den Versuch, den weiteren Inhalt zu entblößen, der sich im wankenden Körper versteckte und der einzige Weg dafür war der Trichter an der einstigen Stelle des Kopfes. Er schaute hinein, neigte den Kopf nach links, wobei er das rechte Auge schloss. Dieselbe Tätigkeit wiederholte er, indem er den Bogen seines Halses nach rechts neigte, dabei wechselte er sorgfältig die blinzelnden Augen, die einander das Wahrgenommene übertrugen, damit die Ganzheit der perzipierten Assoziation ein buntes Bild des durch die Sinne begehrten Reizes bilden könnte. Er erhob den Kopf mit einer langsamen Bewegung, als ob er die Unermesslichkeit seiner über die Jahre hinweg geronnenen Unsicherheit ausdrückte, beugte sich wieder zurück und schüttelte mit einer bedeutenden Bewegung den Kopf, dessen Ausdruck eine Verneinung sein sollte.

Was verneinte er? Was bestätigte er?

Ja, dieser nämlichen Leere entstieg ein unerträglicher Geruch. Jetzt, da der Wind mein Gesicht umwehte und mit sich den die Eingeweide reißenden Geruch des Verzichtes trug, erkannte und identifizierte ich eindeutig das Objekt seiner Identität*. Alle traten zurück, flüsterten etwas. Darauf gingen sie auseinander, doch nicht in kleinen Gruppen, die sie bis dahin zu bilden schienen, sondern jeder in eine von sich gewählte Richtung. Also konnte ich weiter beobachten. Doch was gab es da nun noch zu schauen? Ich sah die auf dem Boden liegende Masse – als wenn jeder ein Stück von einer gepriesenen Torte zu sich genommen hätte, um bald darauf den durch die gewachsenen Erzählungen über das kunstvolle Gebäck geronnenen Brei hinter sich zu werfen, während man vor Augen des Gastgebers das noch nicht zu Ende geschluckte Stückchen ausspuckt, als wenn man sich verschluckte. Ich ging langsam fort und bemühte mich, an diesen Anblick nicht weiter zu denken. Doch auf dem Rückweg, nachdem ich bei einigen Antikhändlern vorbeigeschaut hatte, bemerkte ich, dass die übrig gebliebene Masse die ausgehungerten und die Gassen bevölkerten herrenlosen Hunde ihrem Instinkt folgend zu kosten gedachten. Doch keiner von ihnen fraß es letztlich ganz auf. Sie ließen lediglich eine Spur von sich, durch das ewige Ritual gekennzeichnet, auf der verwischten Schräge üblen Unbehagens.

* Dabei denke ich natürlich an den unerträglichen Geruch.

Die Füße

„Manche begehen Gräueltaten ganz offiziell vor Augen anderer, die keinen Protest erheben.“

Diese Worte schienen mir so leer, dass ich mich daraufhin gezwungen sah, den Saal zu verlassen. Der Beifall nahm kein Ende. Nachdem ich den Park hinter mir gelassen hatte, schaute ich nur noch einmal zurück und sah die sich in den Fensterscheiben spiegelnden Kandelaber, in deren Licht die applaudierende Menge Mal für Mal gewaltsam eindrang. Ich ging die Straße abwärts und entleerte gleichsam jedes der durch diesen Schuft ausgesprochenen Worte. Er, da er an allen Ecken und Enden „unserer Gemeinde“ (ich denke, dass sowohl das Possessivpronomen „unser“ als auch das in der letzten Zeit ziemlich oft genutztes Substantiv „Gemeinde“ einer eindeutigen Erklärung bedürfen) jene fruchtlose Deklamation auftischte, gewann in meinen Augen keinerlei Billigung. Ich bemühte mich, die Verwandtschaften zu erfassen, welche jeden Teil eines solch geschickt gebauten Satzes verbanden. Ich überlegte, ob und inwiefern er durch die Finaltheorie beeinflusst werden konnte und wer dabei der Katalysator der ganzen Reaktion war. Ich ging an einem Spielzeugwarenladen vorbei. Im Schaufester hingen Marionetten. Sie sollten die Figuren des Königshofes darstellen. Die Fäden, welche den nun willenlos herabhängenden Gliedern einen Halt gewährten, verschwanden irgendwo. So hingen die Puppen da, durch eine ihnen unbekannte Macht festgehalten. Ich näherte mich dem Schaufenster. Unbedingt wollte ich meine Vorstellung jenes stillen Mächtigen präzisieren. Ich schaute nach oben, drückte mein Gesicht an die Scheibe und im selben Moment erblickte ich mich in einem hoch platzierten länglichen Spiegel. Mein Gesicht starrte mich an, daraus hingen, als hakten sie sich ein in die unter der Haut befindlichen Blutgefäße, an einigen dünnen Fäden angebracht die Puppen herunter. Ich riss mein bereits ans Fenster zu kleben beginnendes Gesicht und schaute mich um. Es war die Zeit, in der die Arbeiter tief in ihren Schlaf nach dem ganzen Tage versanken, an dem sie den Vorgesetzten zelebrierten und in der das Nachtleben erwachte, samt den abgezehrten Kinderschatten, die nun in die breiten dunkel verzierten Pforten flüchteten. Keine der Puppen machte auch nur eine Bewegung. Doch an ihren Gesichtern zeichnete sich ein Bild des

Schreckens ab. Zunächst schien es mir, das Vorhaben des Künstlers wäre das Erreichen eines nämlichen Effekts gewesen; Vielleicht war es ein Bild des Hofes, der mit verstecktem Trotz und erwachendem Hass den besiegten König grüßte, welcher in sich nur noch so viel Macht besaß, um gerade entstehende, doch mit jeder Minute an Kraft gewinnende Bilder kommender Wirklichkeit von sich zu weisen. Die Nacht brachte ihn aber um seine Täuschung und des frühen Morgens hing sein Kopf, im Reigen der Hofnarren, herab, an einem blutbenetzten Feston inmitten der lediglich nur noch im Geiste der Eroberten erscheinenden Festung. Ich schaute mir ihn genauer an. Die geschlossenen Augen, von Hand des seine vollkommene Bewegung ausführenden Künstlers erfasst, konzentrierten in sich eine stille Erlösung und eine Furcht des letzten Moments – wie wenn die Ohnmacht und Errettung in den einst abgelegten Gelübden zusammen lebten. Das scharlachrote Gewand reichte nicht mehr an die Füße, bei Gott, an die nackten Füße! Nochmals ging ich näher ans Fenster heran. Nun schaute ich nach unten in der Hoffnung, dort die vom etatmäßigen Paukenschläger herabgezogenen königlichen Schuhe zu finden. Unter dem zahlreichen das Schaufenster zierenden Tand konnte ich sie jedoch nicht entdecken, was durch die sich vollziehende Dunkelheit und das unbeleuchtete Schaufenster nur noch erschwert wurde. Indes bemerkte ich die Regung, welche sich um mich langsam bildete. Eilig entfernte ich mich, um eine Weile noch das Bild seiner Füße in mir zu tragen, die sich jedoch nach und nach meiner Kontrolle zu entziehen begannen. Die nächste Straßenecke brachte mich um die restlichen Verbindungen. Vor mir erstreckte sich ein Park. Kurz darauf war ich mir schon sicher. Ich kam an der Stelle an, wo ich hergekommen war. Die letzten Menschen gaben die Hand dem Sprecher, der inzwischen zu einem bedeutenden Symbol eines jeden von ihnen wurde. Der letzte von der Menge und der Redner blieben schließlich alleine in der Tür stehen. Die Hinausgehenden schauten mich mit einem unverhohlenen Widerwillen an, als wenn ich mich der Hand des Gesetzes entziehen möchte, indem ich meinen Begierden freien Lauf lasse. Ich ging weiter durch den Garten. Dann stand ich ihm gegenüber. Seine Hände in den Hosentaschen. Warum reichte er mir die Hand nicht? Er blickte mit einer um Mitleid flehenden Grimasse, bewegte schließlich einige Male energisch den Kopf, um mir dadurch zu verstehen zu geben, ich solle hoch schauen. Als sich nun mein Vorhaben zu erfüllen begann, entnahm er seinen beiden Taschen wollene Hausschuhe und warf sie auf den

Boden. Eine plötzliche Bewegung und mein Blick ruhte auf seinen Füßen – sie waren nackt. Ich schaute ihn wieder an. Seine Augen, jetzt voller Entsetzen, und das Gesicht, gepeitscht durch die gen Boden laufenden Furchen, die sich zusammentaten, um immer ein und denselben Schrei von sich zu geben. Ich hielt mir die Ohren zu, lief aus dem Park und blieb erst in meinem Zimmer stehen, das um die ganze Straßenlänge und durch die über den geronnenen Flussstrom gehängte stählerne Brücke davon entfernt war. Vom Fenster aus sah ich ihn bereits vor den Türen des Auditoriums liegen. Mir schien, das Einzige, was ihn einen Kontakt mit dem Sein aufnehmen ließ, ruhte in seinen Füßen – wie wenn das eine den nötigen Grund für die Existenz des anderen gäbe, welches sich von der Realität nährte und nun aufgespürt den ihm unbekannten Rest aufgeben musste, der jetzt seine Geburt feiernd, im Übriggebliebenen der Identität verglimmt.

Die Städte

I

Schwarze Dächer, rote Dächer, aschgraue Häuser. Wettlaufen, Spiel, Lachen, Geplätscher – ein rußverschmutztes Atemholen. Die Hitze. Der graue Himmel entgegnete nur noch mit dem Luftdruck von Ruß. Die Baldachine aufgeschwollenen Mutes nehmen hier die Reste der Träume weg. In den Mauern wohnt keine Seele mehr, ohnmächtig stehen sie jahrelang da. Sie büßen die Gewohnheiten ein und trocken, wie sie sind, wenden sie das Gesicht von der Zeit ab. Wie soll man ihnen in die Augen schauen, wo der Tag strahlender Sonne ihre Dürre streichelt? Sich öffnen? Ich kann es nicht. Der Schatten zerreißt mit einem Motorlärm meine Seele.

Zwanzig Mal täglich hab' ich gehört
das Singen und klägliches Weinen.
Aber aus ihr schrien schon Tote
ohnmächtig in ihren Qualen.

Das Rot des Gesichts glich
dem früher Stunde,
die Hände verwelkt und nass -
entwachsen schon längst
der schmerzenden Wunde;
die Fäule und Beute der Stadt.

Sie war ein Traum,
den die Toten träumen
nach Jahren vergessen und blass.

Sie war eine Pfütze.
Sie war die Zeit, die jemand
zu messen vergaß.

II

Die stählerne Brücke, auf der ich eines späten Nachmittages stand, lockte seit frühem Morgen mit ihrer Starre an. Wie ein Flashstrom stießen mich die Gesichter der Vorübergehenden an – ein Moment, dann die nächsten, die nächsten. In den Himmel stieg eine durch das Elend straff gespannte Öde hinauf. Ich meinte, mit einigen Bewegungen mich von der Menge zu lösen – nichts als Trug. Doch kaum gelang es mir jedoch, mich aus der Hand des Knechtes zu befreien, trat eine junge Frau an mich heran und bevor sie nur irgendetwas auszusprechen vermochte, mit dem Mund, der einer anderen, ihr unbekannten Welt gehörte, die ihr abends mit Verlassen in einer der schmutzigen Gassen droht, schaute ich in ihre braunen Augen. Sie schien die Hand vergessen zu haben, die sie indes in ihrem erkalteten Willen schon seit einiger Zeit an meiner Brust hielt. Ihre Augen glichen einem Guckloch der letzten durch die Jahre Nachgiebigkeit eingemauerten Tür. Schaute jemand hindurch? Bemühte sich jemand, meinem Willen mit seiner Imagination zuvorzukommen, indem er die braunen Augen des Mädchens gebrauchte? Ich sah eine Reihe von Türen, dicht zugeschlossenen Türen in ihrem Blick und es war unmöglich, auch nur einen Schritt zu tun, ohne den in den Augäpfeln kunstvoll gefassten Willen aufzusprengen. Mit einem immensen Schlag suchte ich die erste von ihnen mit der Aufschrift „DER WILLE“ aus den Hebeln zu reißen. An der nächsten stand geschrieben: „DAS VERTRAUEN“. Endlich näherte ich mich der letzten mit Rost bedeckten Schrift. Gott, wie viel Kraft kostete es mich, die Inschrift zum Vorschein kommen zu lassen, um schließlich das Wort zu erblicken: „ICH“. Die Tür ging unter der Last meiner Hand auf und eröffnete mir den Blick zum Innenraum. Ich ging hinein, dann stieg ich behutsam die einfallenden Stufen hinab in die Kühle des Raumes. Durch einen dunklen Flur ging ich langsam vorwärts. Nach einigen wenigen Metern befand ich mich in einem noch kühleren Durchgang, dann im nächsten, als ich endlich spürte, indem ich in der Dunkelheit der kalten Räumlichkeit mit meinen Fingern einen Halt zu ertasten suchte, die nächste Tür. Ich fand eine Klinke, drückte sie, dann nochmals, noch stärker, als ich plötzlich zu rutschen begann. Ich fiel auf die Knie und spürte eine anwachsende Kühle. Ich schaute zurück und stellte mit Entsetzen fest, dass der Durchgang in seiner Größe merklich schrumpfte. Ich stand langsam auf und war nun gezwungen, meinen Kopf zu senken. Nochmals unternahm ich den

Versuch, den Innenraum zu erreichen. Ich stützte meine Hände an die eiskalten nassen Wände und trat mit voller Kraft mit dem rechten Fuß gegen eine Tür. Sie gab nach. Inmitten eines dumpfen Raumes fand ich nur einen Stuhl vor. Ich blickte mich um. Fast an der Raumdecke, gegenüber von einem vermorschten Stuhl, erblickte ich ein kleines rechteckiges Fenster. Ich stellte den Stuhl darunter und schaute durch die Luke. Ich sah von hinten einen Mann, vor dem ein Mädchen mit einer gestreckten Hand stand. Sie schauten sich merklich in die Augen. Um sie herum fingen die Passanten nach und nach an, sich zu versammeln. Der Stuhl wackelte auf einmal unter mir. Ich griff an das Gitter der Luke und schaute unter meine Füße. Am Boden begann bereits der Reif sich zu bilden und die eisige Luft lenkte ihren Strahl direkt gegen mein Gesicht. Ich hob den Kopf und schrie auf. Von der anderen Seite schaute eine Frau in meine Richtung. Ich wandte den Kopf zum Durchgang und wusste schon, dass es keinen Ausweg mehr gab. Der Durchgang schwoll an mit dem angewachsenen Eis, das nun meine Füße zu lähmen begann. Doch bewegen konnte ich mich nicht aus Angst vor dem Zusammenbruch meiner restlichen Stütze. Ich schrie noch einmal auf. Die Frau winkte jemandem zu. Ich schaute die beiden anderen an. Sie, ihm gleich in der Größe, mit langen zu einem Chignon gefassten dunklen Haaren, ohne eine Handtasche oder ein Gepäck – als wenn sie diese zur Aufbewahrung abgegeben und damit auf das Eigentumsrecht verzichtet hätte. Unbedingt wollte ich ihre Schuhe sehen, sowohl die mich einschränkende Decke als auch die Angst vor dem Sturz ließen mich freilich keine Bewegung ausüben. Und er? Nun, da er zu mir mit dem Rücken gekehrt stand, und immer wieder durch die Passanten verdeckt wurde, entging meinem Blick. Was ich jedoch wahrzunehmen vermochte, war seine Haltung. Gerade eben ziemlich aufgelockert, wurde sie nun gleichsam kompakt, nichts verratend und geradezu vertraulich in ihrer Kohärenz. Dann noch einmal die Frau. Gott, sie schaute mich an. Was bedeutete das schon, da sie doch weit entfernt von mir stand. Was bedeutete das, da mein Blut zu gerinnen begann. Es macht nichts, dass ich mich verlor. Aber ihre Augen. Sie fasste mich darin ein: Dann zeigte sie plötzlich mit dem Finger auf die Luke und gab jemandem ein Zeichen. Er näherte sich dem Fenster, blickte mich an – nein, nein, nur in meine Richtung, worauf er seine beiden Hände an die Schläfen drückte, um der optischen Täuschung einen Sinn zu geben und die Augen zu verdecken, wie man es für gewöhnlich tut, wenn man irgendetwas nur in einem grelle Strahlen reflektierenden Fenster entdecken möchte. Dann hob er einen Gegenstand und deckte damit die Öffnung ab. Eine Kälte ließ meine Schläfen erstarren.

Das hermetische Ich

Dass ich seit einem Jahr die Abende unter der hermetischen Fälschung stählerner Mauern zu verbringen pflegte, ließe sich, wie manche behaupten, mit nur einigen Worten entschuldigen. Dass aber der Grund der Separation in der Einheit des Gedankens, der konzentriert in vollkommenen, wie man ebenso meint, Flächen liegt, dies wird allzu oft verschwiegen, denn von einem Übersehen kann die Rede natürlich nicht sein, da jenes gleichzeitig zum Punctum saliens dieser Notiz wird.

Dennoch möchte ich, wie riskant dieser Versuch auch erscheinen mag, das mir durch die Umstände aufgeworfene Thema aufzunehmen, welches seit einiger Zeit mit mir gleichsam zusammenwuchs, sodass die Trennung, in seinem Wesen bereits *eines* Gewebes, zu einem unkontrollierten Blutsturz einer noch ziemlich stark geschützten Täuschung führen könnte und im Endeffekt zum Absterben der ganzen Zelle samt den Überresten der noch nicht integrierten Ziele.

Die Abende sind hier wie sonst überall auch: Ein Halbdunkel, freie Sequenzen angebotener Assoziationen, sich vermehrende Vermutungen. Die Straßen gehen bergan im Leichenzug der Gegenwart. Manchmal raschelt ein herunterfallender Vogel. Die Reste der vergangenen Nacht flattern hängend in den unzähligen Boulevards, von einem allzu starken Wind gereizt. Es gibt auch einige, wie ich hörte, die meine Zurückgezogenheit als ein Protest betrachten wollen oder denken, es wäre eine Form von Vergeltung. An der Tür hängen also Blätter: „Wir sind mit dir!“ oder „Provokateur!“ Einige müssen wohl auf dem Schoß geschrieben worden sein, vielleicht gerade vor dem Eingang, und dann mit einer durch die ganze Nacht oder gar Woche im Warten angeschwollenen Reißzwecke angebracht, die am Ende sich doch noch verbiegt, ohne ein Zeuge und ein Mittel einer stillen Raubgier sein zu wollen. Andere wiederum hinterlassen schmutzige Kleberflecke an meiner Tür. Seitdem ich aber meinen hermetischen Raum nicht mehr verlasse, fühle ich mich nicht dazu verpflichtet, dieses scheußliche Stammeln abreißen zu müssen. Dass man wenigstens keine anständigen Verleumdungen erwarten darf – man muss es gleich mit einer provokativen Mystifizierung oder einem aufgeworfenen Temperament verderben! Es gab aber Zeiten, da ich die Straßen wie stille Wegbegleiter behandelte. In jedem der Schaufenster sah ich etwas Lustiges, in dem einen weniger, in dem anderen in jedem Element. Es gab auch solche, vor denen ich nur deshalb stehen blieb, da jemand anders davor inne hielt; ich ging also näher heran und schaute aufmerksam hin mit der Hoffnung, *das* Hauptelement wiederzufinden; es gelang mir manchmal nach einigen Minuten angestrengter Beobachtung und voller Konzentration auf die imprägnierte Illusion. Plötzlich tauchte ein kleines Element auf und meißelte die sich nach und nach ergebende Fläche meines Ichs. Dann kam aber die Zeit, da all dies, alle Elemente zu schwinden begannen, nein, plötzlich erschien mir deren Existenz als Trug. Ich fühlte auch, getäuscht worden zu sein. Die Bilder verschwanden und es blieben nur die Scheiben, in welchen Ich-nicht-Ich für mich selbst mir selbst vorgeschlagen wurde. So lief ich von einem zum anderen Schaufenster, zu den anderen, kleinen, an den ruhigen Straßenecken und in die großen Industrieviertel, um schließlich meine bereits damals mit den Blättern verschmierte Tür zu öffnen und den langen Flur passiert gerade das arrangierte Schlafzimmer zu betreten und dort die ganze anwachsende Nacht zu liegen. Manchmal ging ich abends hinaus, doch wenn meine Wahrnehmung eine neue Bedeutung gewann, schließen mich diese Spaziergänge schon bei der ersten Konfrontierung aus. Die Abende, später zu langen Neonleuchten geworden, zogen sich meterlang, ohne mir eine Chance für eine Balance zwischen dem Getanen und Detonierten zu geben. – Ich beschloss, dies mit einem hermetischen *Ich* zu beantworten, in dem ich mich erneut wieder finden muss.

Die Bombilla

Die breiten Fenster öffneten sich direkt zum Hof. Eine Enge nistete sich hier vor Jahren ein und heute schöpft sie kühn von den Mauern eine köstliche Nahrung. Morgens gehe ich auf die Straße und schieße in den Himmel mit einem bestürzten Blick, der aus der Straßenkanalisation eine stinkende Sicherheit schöpft. Niemand schaut mich an und niemand fragt mich nach irgendetwas. Manchmal stelle ich mir vor, dass die in gleichmäßige Stücke zerkleinerten Schatten der Häuser irgendwo am Horizont enden, und dort wartet bereits die weite Ferne. Manchmal scheint mir auch, man würde hier ein encierro veranstalten, wo die seelenlose Menge durch ihren einem atemstillstandsnahen Willen angetrieben dahinjagt. Die Richtung von vornherein angegeben, das Ziel sorgfältig ausgesucht. Sie wüten hin und her und versuchen, ihrem Trieb Gehör zu geben. In den anderen Vierteln zählt das Metronom die Herzschläge. Alles legt sich in sich hinein. Die Anstrengung schläft ein. Das Trägheitsmoment einer schwindenden Entscheidung beginnt eine ihr entgegenwirkende Kraft anzunehmen. In manchen Vierteln laufen die Straßen nur noch in *eine* Richtung. Manchmal sieht man die aneinander reibenden Widerstände, doch ihr Reiben erscheint so gering zu sein, dass die Energie nichts übrig lässt von sich außer Mutmaßung, blasser Vermutung verwischten Regeln. Ich steige in die Straßenbahn und fahre bis zur letzten Station, dann gehe ich zu Fuß heimwärts. Jeden Tag nehme ich einen anderen Weg. Die Menschen kennen mich hier. Zuweilen gehe ich am Abend und kehre in der Nacht zurück. Durch die langen Straßen gleite ich in der Leere. Von den Balkons hängen tote Blumenköpfe herab; ich lass mir nicht erzählen, dass sie der Tag zum Leben erweckt, damit sie ihres jähen Aufblühens voll so über die Reste der menschlicher Vorstellungskraft verfügen. Ich passiere lange Straßenzeilen. Leere Schaufenster blicken mich an wie junge Katzen, die von der Gleichartigkeit der Welt nichts zu wissen scheinen, in der doch der Instinkt zuflüstert, dass es so nicht sei, wie sie es sehen und dass ihnen irgendwo eine unbekannte Macht auflauert. Der alleinige Wechsel ereignet sich mit dem Uhrschlag auf dem Turm der Kathedrale. Dann hängt Christus vom Kreuz herab, alleine am düsteren Platz. Unter ihm verwelkte Blumen. Wenn ich mein Haus erreiche, höre ich die sich gegen mich verschwörenden Blätter. Die Zeit, in der ich nicht da war, reichte ihnen aus, um mich zum Gespött der Nacht machen zu lassen. Ich schaue sie an. Sie verstummen. Nein, es war der Wind, der inne hielt. Einen Moment lang schaue ich mich um. Stille. Eilenden Schrittes nähert sich der nächste Tag und findet mich in einer kleinen Stube vor. Ich liege eine Stunde und horche dem Uhrschlag. Ich schließe die Augen und kann nichts mehr unterscheiden. Die eine Nacht floss mit dem Tag zusammen und verwischte die Gleichmäßigkeit ewiger Prozesse. Ich gab die Arbeit auf, denn ich konnte der Sekretärin nicht mehr in die Augen schauen. Ihre Hände vermochten es nicht, sich mit der Schreibmaschine zu messen. Ich sah, wie ihr eines Tages die Tasten bis an die Oberarme reichten. Sie maß sich nicht mehr damit. Bereits nach einer Weile seit Beginn des Prozesses dieser Metamorphose wurde aus ihr ein neues Exemplar. Wie wenn sie im Winterschlaf schlummerte, wurde sie nun wach, doch in einem anderen Körper. Sie fühlte sich darin beheimatet, damit wurde sie eins, wenngleich ihr Aussehen sich von der bisherigen Gestalt unterschied. Es war eine metallisch glänzende Imago, eine neue Gestalt, eine stählerne Wahrheit – ein Nichts. Ich bat um die Entlassung und bereits am nächsten Tag durchschnitt ich alle Zuflüsse der brausenden Einheit. Ich liege alleine in einem großen Raum und fühle mich dazu nicht verpflichtet, das Gewissen dieser Stadt zu sein, übrigens, wer würde denn darauf aufmerksam werden? – niemand! Das Einzige, was keine Täuschung übrig lässt, ist meine Bombilla. Langsam ziehe ich aus ihr einen Strahl duftender Essenz. Als ich in diese Gegend zurückkehrte, grenzte die Stadt an den Waldrand. Lange Felder zogen sich und markierten ihre Zone. Die Lichtungen versuchten mit ihrem Gelb. Die vielen Stunden außer Haus lehrten mich eine Unabhängigkeit, vor allen Dingen aber, den anderen nicht in die Augen zu schauen. Gott, wie ich mich davor fürchte. Ich erinnere mich, es einmal getan zu haben. Es war eine junge Frau. Wir gingen vorüber. Sie, im Schatten der Dämmerung in einem langen Kleid mit einer Schleppe der Einsamkeit und einem Dekolleté der Unbrauchbarkeit. Ich konnte ihren Blick nicht ertragen. Dann die Straßenlaternen, gelbe wie Sonne, und die Schatten vorüberfahrender Autos. Es kam die Zeit, da ich fort fuhr, und nun bin ich wieder da. Es verging ein Jahr. Zunächst sagte ich mir, hier mein Blut fließen lassen zu spüren; ich gab mir die Mühe, an die Familienalben zu glauben. Doch heute weiß ich, wieder fort zu müssen. Viele werden mich verfluchen für die Saat, die ich in ihren Hirnen vollbrachte. Sie quälen sich nächtelang mit der Vorstellung einer Pampaebene – umsonst! Niemandem zeigte ich die Bilder –

das wurde sie alle umbringen. Jetzt leben sie zumindest, indem sie sich in falschen Spekulationen verlieren, um letztlich der sich jeden Tag auftürmenden Masse nichtiger Profile zu erliegen – einer Lebenskraft verborgener Raublust glitzernder Metalle. In der Eile warf ich die Armbanduhr, die mich mit einem Zyklopauge anstarrte, weg. Ich sah mich um, sie blutete. Ein Mann hob sie und im selben Augenblick wurde er zerfetzt. Die Furien stürzten sich über ihn und die Iris floss zusammen mit dem Kanalwasser, welches mit Blut und Ohnmacht vermischt war. Eine Weile kam es mir gar vor, ihn bereits irgendwo gesehen zu haben; den Gedanken gab ich jedoch rasch wieder auf und sprang schnell in den wegfahrenden Zug.

Quidam

Den Platz umstellte bereits eine Schwadron von Polizisten. Gleich dahinter schlängelten sich in der eiternden Menge die Häresien menschlicher Köpfe – man schrie:

I: „Nein, hier lang, hier!
II: „Fass ihn! Fass!!"
III: „Schau, was für ein Gesicht er hat! Wie eine Feile!!"
IV: „Sicher kommt er damit in menschliche Gedanken wie ein Meißel rein!"
II: „Fass ihn!"
I: „Ich hab´ ihn!"
II: „Festhalten!"
I: „Ich hab ihn!"

Nach einer Weile schloss sich der Kreis mit einem starren Riemen von Hass.

V: „Bei Gott, was ist das?!"
VI: „Bitte, schauen Sie weg!"
VII: „Schau, wie er sich schlängelt!"
VIII: „Mutter, ist es ein Teufel?"
VI: „Schatz, schau bitte weg!"
VIII: „Mutter, darf ich schon hinschauen?"

„Verzeihung, wer ist das?", fragte ich.

IX: „Es ist... (sein Blick setzte sich gleichsam in mir fest)... ein Schriftsteller, na bitte ... (noch einmal ging er um mich herum, als wenn er versuchte, etwas Fremdes zu entdecken)... schauen Sie, was für ein entsetzliches ... (jetzt muss er *es* wohl gefunden haben) ... Gesicht" „Gott, wird er mich wohl erkannt haben?"

Langsam begann ich den Platz zu verlassen. Noch ein Blick nach hinten. Ja, sie merkten es schon! Sie laufen! In ein Eingangstor einer schmutzigen Gasse warf ich eilig mein Jackett hin. Ich fühlte, wie unter meinen Füßen die Steine zu wachsen begannen. Erst einige Tage bin ich hier und schon merkten sie es! Verfluchte Furien! Schwestern, die sich mit ihrem Fluch in der schmutzigen Verleumdung vermehrten. Noch einmal ein rascher Blick nach hinten. – Stille. Nein, sie laufen nicht mehr. Ich trat in ein stinkendes Tor ein und klebte meinen Rücken gleichsam an die Wand wie Staub, der auf die vom angeschwollenen Regen benetzte Erde fällt. Ich schaute in die Höhe… Tauben…

Tauben…

Tauben

flogen

herab…

…in das Viereck des Hofes, den an der Grenze zum klebrigen Innenraum die rußigen Fensterrahmen mit ihrem finsteren Blick schlossen. Wieder die Schritte. Beim Herlaufen merkte ich nicht einmal, dass ich um die zwanzig Meter gelaufen sein muss, die mich von der nur am oberen Scharnier hängenden alten Tür trennten, bevor ich mich an die Mauer gelehnt hatte. Ich ging näher an die Tür, ergriff die Klinke, doch ich konnte sie nicht mehr loslassen. Ich schlug damit gegen die Mauer, sie gab nicht nach. Noch einmal; ich musste aufhören, da ich inzwischen der sich nähernden Stimmen gewahr wurde. Ich hob die Hand, um den Schweiß abzuwischen und die Klinke fiel von alleine wieder ab. Konnte sie den Blick meiner Augen nicht ertragen, der sich mit ihr eine Sekunde lang kreuzte? Sie fiel hinunter, doch sie gab keinen Ton von sich. Ich lehnte mich indes hinaus. Jetzt! Ich lief aus dem Hof. Ich hoffte, mich ein wenig zu erholen, doch durch dieses Ringen mit der verdammten Klinke beinahe erstickt an den Ausdünstungen der Ritzen und Mauersprünge, war ich umso mehr geschwächt, denn mich würgte, wenngleich ich sein Gewicht bis jetzt erst gar nicht wahrnahm, das in der Frühe in Eile angezogene Hemd, jenes nach der Art: „Zeig dich, und ich sage dir, wer du bist!“ Ich öffnete die sich in meinen Hals fest hineindrückenden Knöpfe – sie blieben beide in meiner Hand liegen. Ich warf sie gegen den Bordstein. Schließlich lief ich auf einen anderen Platz. Überall diese Szenen! Doch gleich fand ich mich wieder, indem ich einige abgerissene Mauern identifizierte. Hier dienen sie mir als Wegweiser, Straßenschilder gewissermaßen. Noch ein wenig und nachdem ich einen langen an der Decke mit durchgebrannten Birnen besprenkelten Flur passiert hatte, erreichte ich endlich mein Zimmer. Ich schlug die Tür zu. Mir schien, diese wiederholt misslungene Probe, heimisch zu sein, würde mein Schicksal besiegeln. Ich setzte mich an den Schreibtisch, griff nach den am Schubladeboden versteckten einigen sauberen Blättern Papier, dann nach der Feder – diese Bewegungen waren das Einzige, worauf ich mich seit einiger Zeit verlassen konnte – und vertiefte deren Stahl in die Körnigkeit des Blattes. Ich erfüllte das uralte Ritual, das sich in jedem Wort vollzog. Ich überlegte, ob Uranos beim Schaffen all dieser Entsetzlichkeit an die Hebel, Drähte und Gleise dachte, die heutzutage diejenigen in einer stählernen Umarmung drücken, die mich verfolgten und ob die Transzendenz in ihren Augen denn nun keine neue Dimension annahm? Oder hätten sie mich gebraucht, wie jenen am Markt, um ihr sühnendes Opfer der angewachsenen Vielzahl darzubringen? Ich dachte nur noch an die Worte: „*Enfin! La tyrannie de la face humaine a disparu, et je ne souffrirai plus que par moi-même*“ und legte die Feder zur Seite, mein Gesicht in die beiden Hände und stützte die Ellbogen auf das Tischblatt...

Jemand klopfte an die Tür.

Yama? Wird mir denn eine Leiter einmal hingereicht, damit ich emporsteigen kann, wie es doch im Totenbuch geschrieben steht? Würde mir die Ablution das Überschreiten der Schwelle erleichtern? Oder klopfte jemand von diesen an, die kreieren? Gott, was kreieren sie denn nur? Entglitt denn jene Kreation denn nicht ihren göttlichen Händen? Wer klopfte an? Uranos? Abu ilani? Ahura Mazda? An? Jahwe? Wer? Um Gotteswillen, wer?! Überschritt ich denn also die Schwelle, hinter der man von mir absieht, mich nicht anfassen, meinen Namen nicht aussprechen, mich nicht anschauen darf, wie es wohl die Malgaschen tun? Oder steht das Seilklettern mir erst bevor? Wer, um Gotteswillen, wer klopfte an?! Ich fürchtete mich, die Augen zu öffnen, denn es würde doch nichts, aber gar nichts ändern. Die besudelte *Mutter* muss mich jedoch aufnehmen, wenn sich die Finsternis des Tartaros öffnet.

"Ich?"

Ein schwarzer Kopf kam aus dem Kanal zum Vorschein. Jemand rief:

„Er!"

Der Kopf drehte sich in Richtung der Rufe. Abermals:

„Er! Er!"

Die Kinder liefen hin und her auf einem Spielplatz. Der schwarze Kopf schaute in den Kanal, als suchte er den restlichen Körper, der ihm bei der Identifizierung der Stimmen helfen könnte. Er tat es eine Weile, doch aus dem dunklen Loch kam nichts. – Nichts, was an Glieder erinnern würde, nichts, was die Tatsache eines Körpers unter Beweis zu stellen im Stande wäre. Nichts. Man sah nur, dass sich der Dampf aus dem Kanal zu einem herben Strahl vermengte, der die an Haare erinnernden Klumpen oder Falten streichelte. Zum wiederholten Male:

„Er! Er!"

Eine plötzliche Bewegung und alle Sinne liefen zu *einer* Geste, zu *einer* Frage zusammen:

„Ich?"

Wieder die Stille. Zu hören war nur das Drehen der Rollen, welche die Schaukeln im jahrelang angewachsenen Ruß festhalten. Der gleichmäßige Schall ging in alle Richtungen auseinander und der abblätternde Metallstaub drang in die Augen und Ohren der spielenden Kinder hinein, durch die Strömungen trockener Sommerluft getrieben, die über dem Platz kreisten. Und man weiß nicht, auf welchen Umwegen die Staubpartikel ins Auge des Kopfes gerieten, den ein metallener Ring der Kanal-Wirklichkeit eingrenzte. Ein rasches Augenzwinkern. Nochmals. Doch schnitzte der Staub bereits die Oberfläche der Hornhaut. Er reizte. Er legte sich einem Efeu gleich daran. Noch einmal beugte sich der Kopf in die Windungen des Kanals, bereits im Tränen der Augäpfel begriffen. Er dachte:

„Och, was würde ich denn nur alles für ein Augenreiben geben, für ein sachtes Streifen über die gläserne Fläche!"

Alles fing an zu reizen: Der Wind, der wie mit einem Riemen den Staub immer wieder schleuderte, die Frauen, die vorüber gingen und ihre Köpfe wandten, die Männer, die eine Leiter trugen, die Kinder, die man nicht sah und dieser Teil, der fehlte. Ein Wagen streifte indes den Kopf, fuhr ihn beinahe an. Er klagte:

„Ach, ich habe einen verdrehten Hals!"

Doch als er so dachte, begriff er, unten doch sonst nichts zu haben, nicht einmal einen Hals und das, dass etwas Gedankenähnliches in ihm geboren wurde, es konnte doch nicht jenes Satori sein, ließ ihn (man weiß nicht woher) eine plötzliche Sicherheit dafür gewinnen, was er nicht näher bestimmen konnte, denn er schwebte in einer wie durch einen Bogen gezeichneten Teilbarkeit des Glaubens einer sardonischen Doppeldeutigkeit des Seins. Die plötzliche Störung durch das Anfahren muss seltsamerweise zu einer Beseitigung des bereits geschichteten rostartigen Ansatzes aus den ununterbrochen tränenden Augenwinkeln beigetragen haben, denn nun konnte man abermals ein ruhiges Schwelgen in der Suche nach dem Rest des Körpers feststellen. Wieder wehte der Wind und trug hoch die sich dem Boden nähernden in der Vorahnung getaner Arbeit fallenden Blätter. Einige davon setzten sich gar auf den Kopf nieder, doch bald darauf nahm sie Eon mit sich und trug sie in den Wartesaal des Diesseits fort. Aus seinem Inneren brach heraus:

„Satis verborum"

Und schon hob er sich, schon schien in ihm der Gedanke mit der Tat zusammenzufließen, damit die Realisierung eine Kontur gewinnt, als er plötzlich spürte, von jemandem beobachtet zu werden. Eine rasche Umdrehung. Gott! Er schaute mich an! Seine Augen klammerten sich an meinen Augenlidern wie jene in ihrem vollkommenen Griff schlingenden Haken an den Schmetterlingsflügeln. War es ein Nachahmen? Meine Augenlider entsprachen den Bewegungen der anderen! Meine Kopfbewegung war nichts anderes als eine Wiederholung der Bewegungen der dunklen Masse! Ich konnte mich nicht mehr befreien. Ich fuhr hoch. Die Abenddämmerung bedeckte mit einem kühlen Atem langsam die Strukturen der Bänke im Park und setzte darauf die Feuchtigkeit der durchs Warten schwitzenden Nacht nieder. Die Dämmerung brach an, doch ich spürte an mir *seinen* Blick. Ich war wie ein Vogel, den in der Umarmung des Gesangs die schreckliche caburé hielt, eine Verführerin ohnegleichen.

Langsam ging ich in seine Richtung. Ich beugte mich über den Abgrund, um schließlich vor der Öffnung niederzuknien. Jemand warf einen Stein gegen meinen Rücken und zwang mich so, mein Gesicht an den kalten Öffnungsring geradezu zu pressen. Eine geronnene Schärfe fasste mein Gesicht sicher an und ließ es beinahe in einem schmerzvollen Griff gefrieren. Die Hände nahmen ein Wesen stählerner Rohren an und versanken nach und nach im Ammoniakgeruch. Als endlich jemand hinter mich trat, dachte ich an die Frau, die ich heute traf, die arbeitete. Ihre Hände riefen nach ihr. Dann das Gesicht, das rote Gesicht und die Hände, von einer in die andere Tasche. Alles vor meinen Augen. Ihre beiden Hände, als wenn sie die Last des Schicksals wöge. Ihr Blick, so müde, versuchte mit den Resten der jugendlichen Inbrunst die fortfahrenden Nummern zu fassen. Dann der Kiosk. Und wieder starrten sie an, sie, die sie nichts schauten, doch tat die Gewohnheit damit, wie es mit den Beinen im Rollstuhl tut. Man hat sie. Man lebt damit. Und doch gehören sie dir nicht mehr. Und sie ging an mir vorüber. Dann wartete sie. Und wieder die Einkaufstaschen. Was war denn darin? Was tat ihre Hände so geschickt? Gott, sieht denn jemand all das? Eine Tasche in einer anderen und darin die Hände, bis in die Ellbogen wie ein Schatten um die Mittagszeit. Doch konnte dies kein

Spiel gewesen sein! Jemand schubste mich. Die Frau war schon lange weg. Ich zog die Hände an mich, um ihre Bewegung auf die Konvergenz mit meinen Gedanken zu prüfen. Noch mehr bekam ich die Kälte zu spüren. Jetzt die Beine, noch näher an der Öffnung, so erstarrte ich für einen Moment in der Position. Mit einer gleichmäßigen Bewegung erhob ich mich und zog hinter mir die Aktentasche, um nach der Bestimmung des Maximums meinen Körper rasch nach hinten aufzufahren und dem Schicksal in die Augen zu schauen. Die Schatten. Die letzten Köpfe später Gedanken rollten schon mit einem Zischen der am Docht verbrennenden Finger. Drei Schläge der Rathausuhr gegen die in der Dunkelheit bereits unsichtbaren metallenen Schaukeln fielen dicht neben mich und zogen einen Kreis mit einem Schall ansteckenden Indifferenz. Ich machte mich auf den Weg. Über die Straße fuhr die Bahn und streute kalte Sterne in die nächtliche Einöde. Die nächste Straße und endlich die Feuchtigkeit der Flurwände. Das Dunkel. Die metallene Treppe der Außenwand an der bläulichen Wand angehängt. Der nächste Flur mit einer abgestorbenen Glühbirne. Das Dunkel. Zwanzig Schritte. Jeder der zwei Schritte fasst in sich zwei Türen. Jeder zweite Schritt verdoppelt die Zahl der Türen. Ich zähle ab. Achtzig. Ich greife mit der linken Hand in die linke Seitentasche des Jacketts. Unter den Fingern fühle ich den Stahl des Schlüssels, den ich der rechten Hand übergebe. Ich drehe zweimal nach links und schiebe die im Dunkel quietschende metallene Tür. Ich schaue mich noch um. Beim vierten Schritt erwachte jemand vom Schlaf der achtzehn Türen. Die Schwelle seiner Wohnung flammt mit einer Durchdringlichkeit der Strahlen, die in eine nächtliche Hitze einbrechen. Er bewegt sich hin und her, nervös, endlich erlischt das Licht. Jetzt sehe ich den ganzen Flur sehr deutlich. Mein Kopf kehrt zurück in das Wesen des Zimmers, um sich schließlich als erster in der Dunkelheit wiederzufinden. Ich trete über die Schwelle, nehme das Metall aus dem Schloss und trenne mich mit dem Zuschlagen der Tür von der Stadt. Wie immer gehe ich ans Fenster heran. Dort, auf der anderen Seite, erwartet mich eine Unbekannte. Noch bevor ich mich dem Fenster nähere, sehe ich sie gegenüber. Nie dachte ich darüber nach, wer sie sei und nie sah ich sie tagsüber. Ich kenne nur ihren Schatten und ihren Blick, der mich vielleicht erreicht. Unten geschieht indes nichts, lediglich scheint sich die Straße zu wellen, als wenn sie durch die darauf fallenden Strahlen aufgewärmt worden wäre, dann sieht sie aus, als wäre sie auf ihrer ganzen Länge durch immer neue Formen annehmende Kreise bedeckt, einer Wasserfläche gleich, die unruhig wird durch die Regentropfen, die sie plagen und aus der Tausende von Augen den mit Tränen überströmten Himmel schauen. Sie ging vom Fenster weg. Das Dunkel. Ich fiel auf den Boden. Tausende Stimmen fragten:

„Ich?"

Respue, quod non es

Es gab wahrlich nicht allzu viele solche Tage, an denen ich durch die Straßen ruhig spazieren gehen konnte. Doch noch schlimmer waren die Abende, wenn die Bänke von schattigem Leben dampften.

Auf meinen Schreibtisch legte ich die Schreibutensilien: Den Bleistift, den Kugelschreiber, einige Zettel. Die ganze Kunst bestand prinzipiell darin, sich möglichst einzuschränken. Für einen Moment unterbrach ich meine Notizen, als die Concierge das Zimmer betrat. Sie ging ans Fenster zu meiner Linken, von mir trennten sie nur wenige Schritte, und blieb davor in einiger Entfernung stehen. Sie schüttelte den Kopf, worauf sie mit den Händen nervös in den langen Seitentaschen ihrer blumigen Schürze irrte. Ich sah sie an, ganz ungezwungen, doch sie, die nun ganz zur Bewegung wurde, folgte den Spuren ihrer Hände. All das dauerte einige Minuten lang, dann trat sie plötzlich mit einem raschen Schritt noch näher ans Fenster, das sich vor meinem Schreibtisch befand. Und es schien, als würden zwei Wesen, voneinander vollkommen unabhängig, ihren Körper bewohnen, oder zumindest eines davon für eine Zeit einen Teil von ihm mieten. Und dieses, welches den einen Teil bezwang, war zugleich der Besitzer der Hände, die nun, durch einen mir unbekannten Zweck ihrer Bewegungen getrieben, ganz unabhängig also von der Concierge, versuchten, für jeden der in seinen Bewegungen flinken Finger einen anderen Punkt der Seitentasche zu bestimmen, um all diese Geschäftigkeit schließlich mit dem in die Hand gegriffenen Gegenstand zu krönen. Der andere Teil ihres Körpers, den ich zu unterscheiden vermochte, war mit dem Ausspähen von irgendetwas unten auf der drei Etagen tiefer gelegenen Straße beschäftigt – gleichsam losgelöst von dem bereits erwähnten Teil. Und dennoch erhob sich zuweilen der ganze Körper vorsichtig einige Zentimeter, wie es schien, durch die Elastizität der Zehen getragen, um sein bald darauf folgendes Absenken mit einer beinahe mikroskopischen Genauigkeit des sich im Zylinder bewegenden Kolbens auszuführen. Etliche Minuten nach dem Eindringen in mein Zimmer befanden sich ihre Hände immer noch in der ihnen aufgeworfenen Lethargie der Bewegungen. Ich beschloss, eine weitere Beobachtung zu unterlassen, um mit dem Niederschreiben der abendlichen Beobachtungen zu beginnen. Ich hoffte,

Emilie würde einige Seiten umblättern, die im Grunde einen Brief darstellten, wenn auch ich diese als Notizen betrachtete.

Meine liebe Emilie!

Es ist fast eine Woche vergangen, seitdem ich in dieser Stadt bin. Drei- oder viermal hinausgegangen bin ich zwar doch, um eine alte Gemäldegalerie zu sehen, sonst studiere ich aber die Maschinen, was ich der Aussicht von meinen beiden Fenstern verdanke. Gestatte also, eh ich dies, was ich heute vor dem Bahnhof sah, niederschreibe, dass ich Dir also zunächst darüber berichte, was ich in einigen Sälen jener Oase, wie ich diese Galerie, die als einzige das Leben in hiesiger Nische zu verändern vermag, zu nennen pflege, wahrgenommen habe.

Es hängen hier etliche Bilder mir näher unbekannter Künstler. In den Ecken des Saales stehen wiederum Skulpturen, deren Großteil lediglich einen Rumpf beizubehalten vermochte. Da posieren sie, ohne Hände und Beine, namenlos, und wollen dem Beispiel der Großen folgen. Im Grunde aber ist die diffuse Atmosphäre des Raumes von den diese Gegend darstellenden Bildern geprägt – von Hallenbaukonstruktionen, Rädern, welche die Leute tief aus der Grube herausholen, wie eines abgestorbenen Baumes Wurzel, von dem man dann eine klebrige Maße einer von Maden noch warmen Scholle abschüttelt, mit einer Gebärde des Ekels, der Gleichgültigkeit und Eile, von Grubenräumen da und dort und manchmal von Halden.

Wie oft ich mich dort allerdings hinbegebe, gelang es mir bislang weder einem Wächter noch einem Diener oder einem Kustos zu begegnen. Die Gemälde und Skulpturen bewundere ich somit ganz alleine – betrachten könnte man es gleichsam als eine gute Seite hiesiger Leere, soweit bin ich allerdings noch nicht gekommen. Insbesondere fühle ich mich von den riesigen Konstruktionen hingerissen. Wahrhaftig, herrlich hat der Künstler die Sonnenstrahlen der untergehenden Sonne in seinem Werk erfasst: Die Strahlen, die sich mit den jahrelang ansetzenden Rost und Ruß, die aus Gruben hinausgeweht werden, verbinden. Die riesigen Räder lauern da, wie Augen eines Raubtiers, – Einöde. Die Bildrahmen, immer braun, scheinen sich mit dem modellierten Grund der

Darstellung zu verschmelzen. Jedes der riesigen Räder besitzt eigene Schatten der Beständigkeit, eigene Ökonomie der Schwärze, was alles andere in trügerischer Andeutung verharren lässt. Und es erscheint mir, wenngleich es hier wohl mehr als zehn Gemälde gibt, dass jene Beschreibung für all die anderen Bilder zuträfe, denn im Grunde ist ein jedes davon ein Spiegelbild des vorangehenden und eine Ankündigung der Schattenpalette des darauffolgenden – und was sich ändert: Das Abendlicht des Schattenfalls, der über die Jahre hin isolierten Farben von mehreren verwelkten Leinwänden...

Ich blickte auf und sah die Concierge vor mir stehen.

„Schlafen Sie gut, werter Herr?"

Die Hände müssen schon längst außerhalb der Taschen geblieben sein, denn nun, sorgfältig zusammen ineinander gepresst, höhlten sie das Elementare in der sie trennenden Leere aus.

„Haben Sie Kopfschmerzen, werter Herr?"

Seit meiner Ankunft hatte ich ununterbrochen Kopfweh. Auf der linken Schreibtischseite erblickte ich ein Glas mit einer dunklen Flüssigkeit. Von seinem Boden erhoben sich Blasen und verursachten eine merkliche Zerstreutheit der Oberfläche. Die Frau griff nach dem Glas, nahm aus ihrer Tasche einen kleinen Löffel und rührte um. Sie entnahm probeweise einen Schluck davon, dann reichte sie es mir hin.

„Sie schlafen gut?"
„Sie haben schlechte Träume?"
„Sie trinken!"

Ich nahm das Glas und hielt es auf der Augenhöhe. Der Absud schien zu brauen. Ich bemerkte kleine durch die Explosivität des Tranks getriebene Blätter. In dem rechts einfallenden Licht nahm die Flüssigkeit eine rötliche Tönung an.

„Nur zu!"

„Sie fürchten sich?"

Ich nahm einen Schluck davon, noch einen, um es schließlich zur Seite zu stellen. Ich fühlte einen herben Geschmack, der die Bänder meines Halses zusammenziehen ließ.

„Sie schlafen heute gut!"

Die Concierge nahm das Glas vom Tisch wieder weg und verließ das Zimmer. Ich lehnte meinen Kopf über die Verzierungen des Sessels hinaus. Irgendwo in der Tiefe der Augen wiegte sich das Bild der mit Dunkelheit gestickten Ferne. Ich fühlte mich mit einem Male wie in einem nachts dahinrasenden Zug. Der Kugelschreiber fiel auf den Boden und ich hörte ihn in die Ecke des unebenen Zimmers rollen, dann verstummen. Ich eilte und mein Gesicht wehte die nächtliche Kühle um. Die Augenlider, angeschwollen vom Kampf mit der Ohnmacht, den Schlaf herbeizuführen, nahmen die Last des nächtlichen Raumes auf sich, in welchem ich eingetaucht zu sein meinte, und bedeckten die gerade eben sich noch bewegenden Augäpfel. Mal um Mal hoben die Gleisverbindungen sachte meinen kraftlosen Körper in dem durch die Bequemlichkeit zusammen gezogenen Sitz. Ich durchquerte nächtliche Fernen, dabei meine Furcht beseitigend, und wenn der Zug plötzlich stehen blieb, presste ich die Arme in die weiche Polsterung, während mein Körper durch die auf ihn drückende Masse beinahe erdrückt nach einigen Sekunden auf den gegenüber liegenden Platz geradezu geschleudert wurde. Ich hielt mich jedoch fest und es gelang mir immer wieder, mich der kommenden Masse widerzusetzen. Wenn die Räder in ihre metallenen Ringe aufs Neue die Geschwindigkeit aufzunehmen begannen und ich wiederholt in die Polsterung des Abteils eingedrückt wurde, schien mir, mein Körper würde sich dem ihn aussagenden Wirbel hingeben wie ein aus einer Sektflasche gezogener Korken, der hinter sich den Inhalt zieht. Dann war ich auf einmal in einem großen Karussell. Einige zehn Meter hoch, dann ein plötzlicher Fall … und nach unten … nach unten … mit einer Kraft der gegen die Fjorde stürmenden Wogen … und nach unten, und wieder hoch … und wieder hoch, um mit den meinen Sitz führenden Seilen eins zu werden … und dann… Die Frau stand vor mir und hielt in ihren Händen eine Schüssel. Nervös bewegte sie ihre Lippen.

Eine FISCH-FRAU. Ihr Mund wurde länger und langer und … – nachdem er genügend Sauerstoff aufgenommen hatte, kehrte er in seine Ausgangsposition sofort wieder zurück. Immer noch spürte ich die Vibrationen, welchen mein Körper unterzogen wurde. Nach einer Weile konnte ich dann die verschiedenen Töne unterscheiden, mit welchen sie mich fütterte.

„Sie haben Fieber. Sie müssen ruhen!"

Ich schaute zum Fenster. Die zu beiden Seiten geöffneten großen gläsernen Tafeln zeigten der kalten Luft einen auf dem Sofa liegenden Mann mittleren Alters, mit dunklen Augen, hoher Stirn, mit einer langen schwarzen Hose, einer geöffneten Weste und mit gekrempelten Ärmeln eines hellen Hemdes. Sie zeigten mich, der ich vor einer Woche aus *Die Wahrheit* entlassen wurde. Wieder dachte ich an Emilie. Im Augenwinkel bemerkte ich den an der Tür liegenden Kugelschreiber. Auf dem Tisch lag ein gerolltes Blatt Papier. Frau E. räumte bei mir jeden zweiten Tag auf, meinen Schrank öffnete sie nicht. Auf dem Tisch standen immer frische Blumen, die ich in der Stadt jeden Tag zu sehen bekam. An Emilie pflegte ich in einer Sprache zu schreiben, die der Concierge scheinbar unbekannt erschien. Ich verdächtigte sie nie, meine Briefe zu öffnen. Eine Bewegung war ausgeschlossen. Ich fühlte mich, als würde jede Luftpartikel Steinstaub mit sich tragen, der sich an meine Lungen niedersetzte. Das Anhalten der Luft bewirkte einen sofortigen Schweißausbruch auf meinem Körper und das Einatmen bedeutete ein langsames Ersticken des in den Lungen befindlichen Raumes. Wieder musste ich an den Brief denken. Wenn die Tage sich nur teilen könnten, von welchen der eine Teil von Schmerzen und Furcht dem anderen, hellen und voller Hoffnung ein wenig von seiner Macht abgeben könnte… Doch, mein Gott, beide waren stets eins und besaßen alle Merkmale des ersten, und standen so lebhaft vor Augen. Ich schaute in die Ferne. Wieder die Vögel. Auch hier fanden sie mich. Auf einem der Bilder, ich konnte mich noch daran wohl erinnern, zeichnete der Künstler das Bild solcher Vögel. Ihre kalt glänzenden Flügel peitschten die Leinwand mit der Schwärze ihrer Federn, sodass es unmöglich war, sich dem Bild zu nähern, um in der Masse des sich herausreißenden Schreis nicht zu erstarren. Erst jetzt begriff ich sein Wesen, das zu *mir* wurde, zu Schrei und Schweigen, zu nichts anderem als einem langsamen Versuchen eines jeden Gliedes meines Körpers. Dabei wollte ich noch an Emilie schreiben, über das Leben, das ich entschwinden sah, och nein, welches verging, in der Versuchung der Gegenwart mit falschen Bewegungen, über die Frau vorm Bahnhof. Und so viele Frauen, und jede eine Pieta. Und so viele Frauen, und jede eine Magdalena. Jede eine Täuschung und Ohnmacht, in der sich das Verwesen vom Dahingehen nährte – und so viele Gedanken, in jedem in uns, ach, und so viele falsche, überflüssige Bewegungen, mit welchen wir die Ewigkeit zu täuschen suchen, die Schwester jener, die sich vom Inferno nährt, in dem noch reifenden Körper. Und wie viele Tage vergingen denn seit meiner Ankunft hierher? Wie lange versuchte ich es nur, mich selbst zu betrügen? Wie viele schwere Tage gingen über dieser Stadt vorüber in der Höhe, der Stadt, in der die Kanäle mit einem lehmigen Odem verwesender Wahnbilder gähnten. Für wie lange hatte ich vor zu verbleiben, damit sie das nicht sah, zu wem ich nun geworden bin? Dürfte denn die Ausflucht eine Hoffnung für ein anderes Ende sein? Inferno, Persepolis, Tartaros, ein ewiger Tag der Dunkelheit in felsiger Berührung leidenschaftsloser Körper.

Ich winkte Frau E. zu, die sie die ganze Zeit über die an mich erinnernde Masse anstarrte. Jede Bewegung peitschte meine Sinne. Nur einige Minuten! Ich bat nur um einige Minuten, denjenigen, der mich bereits in seinem ewigen Händedruck zu formen begann. Eine Weile nur, um mit der Feder die zu umfassen, in deren Gesicht ich einen Schrei erblickte, die sie von der Farbe ihres Haares berauscht wurde wie durch die Bitterkeit ihrer Lippen. Mit einer Fingerbewegung zeigte ich den an der Türschwelle liegenden Schreibstift. Dann sagte ich:

„Schreiben Sie bitte, und schicken Sie es ihr ab!“

Ich sah, wie sie sich bückte und den Stift nahm. Sie ging nervös hin und her im Zimmer herum, als wenn sie jemanden erwartete, als wenn sie mich in sich zurückhalten möchte. Ich schloss die Augen und sprach, immerfort sprach ich…

Ach, Du weißt doch, dass die Zeit nicht uns gehört. Du weißt **es**, *wie sie* **es** *gewusst haben muss, als ich den Boulevard in schwülem Halbdunkel durchmaß. Ach, es genügten nur ein paar Schritte, einige Schritte in eine andere Richtung, um sie, um nichts mehr zu sehen, um … Ich verstand es ja sehr wohl, wie sich die* *über der Straße gehängten Drähte mit ihrem vibrierenden Summen verschwörten. Dass ich zwei Frauen erblickte, unwichtig, wisse von der einen nur, von ihr, die heute in mir ist, wie eine noch herbe Nuss im Munde eines Ungeduldigen, wie ein Widerstand und Ausharren der Hände eines Bildenden. Und doch so wenige Schritte trennten mich von ihr. Ach, ich bemerkte sie wohl, die, sitzend, der Dunkelheit ihre zitternde Leier entgegensetzte. Och, wie viele, ihr Gesicht sehend, darin ein Antlitz wahrzunehmen meinten. Wie viele wandten sich ab, um noch einmal an einem ihrer Geburtstage teilzuhaben. Doch musste alles zurücktreten, vor ihr, ... einige Schritte ließen mich näher an sie...*

Gott, was kosteten mich die paar Worte nur! Die Kühle ließ meinen Körper beinahe erstarren. Die Lippen klebten aneinander. Was gehörte mir denn nur überhaupt noch, dass mein Wille darüber herrschen könnte? Und jedes Wort glich einem Geräusch, welches ein Tier in der peristaltischen Bewegung seines gemarterten Körpers durch den endlosen Hals einer Schlange geschoben von sich gibt, noch halb bei Bewusstsein. Nur einige Worte! Hatte denn die Hoffnung nicht das Recht darauf, zu einigen bitteren Worten zu wachsen?

... in ihren Händen ruhte die Ewigkeit, doch nicht, um sich dem Willen zu beugen, sondern um ihm jene eigene anzuvertrauen. Sie hat sich gekämmt, das weiß ich wohl. Jede Bewegung, in ihrer Geometrie vollkommen, brach alle Gesetzesrahmen entzwei. In jener Falschheit der üblichen Gewohnheit zurückgelehnt, kämmte sie die Haarsträhne in die Zahnfäule eines dreckigen Kammes. Mit jeder Bewegung löste sie sich von der Gegenwart los; neben ihr ein Gepäck. Dürfte sie eine der Seelen des Harry Hallers gewesen sein? Ekstatik ihrer Arbeit nährte sich von der innigen Isolation. Noch eine kleine Weile gehörte sie mir, dann wieder dem Raum, dessen Dunst sie schon zu umarmen anfing; doch war des Alters Rotguss in seiner Meisterschaft ein Handwerker ohnegleichen, der dem Körper die Form der Regelmäßigkeit auferlegte. Och, wie laufen musste ich, um ihrer Blässe nicht zuzusehen.

Frau E. stand auf und schloss seine Augen. So ruhig war sein Gesicht. Noch desselben Tages erschien Emilie und bekam die niedergeschriebenen Worte in einem gelben harten Briefumschlag. Und doch konnte er nicht weit weg sein! Er hätte nicht einmal versucht, sich zu entfernen! Wohin denn nur? All das sollte doch gemeinsam sein. So viele Morgendämmerungen trennten sie jetzt von ihm. Sie setzte sich und las. Vor ihr standen plötzlich stählerne Räder, jene, an welchen sie vorüber ging und diejenigen, über die er schrieb. Der Himmel bedeckte sich mit einem dunklen Mantel heranziehender Vögel und opferte sein Gewölbe der Finsternis. Nein, zusammen verbrachten sie nicht allzu viele Tage. Gewöhnlich nur das Wochenende, die Regentage, manchmal die Abende. Aber die Nächte, sie zogen immer so schnell heran, kalte und unerbittliche, und immer wenn er das Zimmer betrat, nahm sie seine Hand an sich. Konnte denn die Liebe für sie mehr sein als ein inbrünstiger Versuch, Nemesis aufzuhalten, die ewige Amme der Bewegung in dem langsam dahin schwindenden Leben? Sie hielt sie nicht auf, niemanden hielt sie auf. Und dann diese Abreise. Jetzt hielt sie den Brief in ihrer Hand und die mit dem letzten Atemhauch erstarrten Worte. Sie saß da, wo er vor einigen Stunden. Sie schloss die Augen. Sie hörte die vorüberfliegenden Vögel, spürte die Abendkühle. Erst jetzt begriff sie seine Worte, in welchen immer wieder die Vögel vorkamen, große, im Raum ihre Beharrlichkeit und die Schwärze tragende Tiere. Sie schaute den Zettel an, lehnte sich an und schloss abermals die Augen… Sta sol, no moveare, dachte sie, und ihre Schläfen benetzte die Dämmerung.

Jeden Tag verließ er sie, kam dann erst abends, nachdem er die Unendlichkeit des mit der Hoffnungslosigkeit gesalbten Gewölbes durchquert hatte. Die Straße des Städtchens verlief in einem glatten Zug nach unten, die Automobile dröhnten mit einem sich in ihrem Herzen zu verbreiten beginnenden Ecclesiasticus. Die Minuten drängten sich an der Tür und die Uhr stampfte mit ihrem Takt den herben Wein in ihrem Hals. Das Herz pulsierte in einem namenlosen Tempo und presste das ausgekühlte Blut in die verblühenden Zellen. Hin und wieder kam sie an den Brief zurück und das Stahlrad zog aus ihr die übrig gebliebenen Farben heraus. Stundenlang stand sie am Fenster, schaute die an der zerkratzten Mauer vorübergehenden Menschenschatten an. Ach, wie klar waren die gespenstischen Umrisse, welche bei jeder beliebigen Gelegenheit zum Vorschein kamen, um gleich darauf durch die glühenden Sonnenstrahlen in ihrer Sinnlosigkeit verscheucht zu werden. Sie hob den rechten Arm über den Kopf und fing bereits an zu verblühen, wurde ohnmächtig beinahe in ihrer Schläfrigkeit und welkte fallend, an der Fensterscheibe noch eine lange Spirale zeichnend; darin war die Dialektik des Schmerzes und die Erosion leerer

Trächtigkeit. Auf der Straße blieb ein Junge stehen und, wie sie, erhob er die rechte Hand und meißelte in der Düsterheit der Ausdünstungen der Straße, ohne von ihr die Augen loszureißen, eine genauso lange Spirale, als plötzlich der schreckliche Lärm des vorbeifahrenden Lasters den Jungen zu Fraß der Riegel, Seile, Kupplungen, Rotoren und all der Ungeheuerlichkeit warf, die in der Blechkonstruktion der blutigen Jagd der Celaeno lauerte. Noch eine Weile und die Menge bedeckte die Stelle. Jemand schaute hinauf. Jemand anders zeigte mit dem Finger. Ach, wie hätte sie denn nur ihren Blicken widerstehen können - und doch! Einige Tage darauf schob sich durch die Straße ein langes Spalier - und wieder ein Blick, dann senkte man den Kopf.

Leidenschaftslose Tage wiegten sich auf den herbstlichen Vorhöfen. Die Blätter waren auf der Suche nach einigen weniger schmutzigen Ecken, um schließlich in der nächtlichen Einöde ihre Ruhe zu finden. Jeder Tag prahlte mit der anwachsenden Kälte und vermehrte die Höhe der Stäbe am Kopfpfühl des Leibes einer Bacchantin, welche in einer furiosen Erhebung im Sterben lag und ihren Körper mit einem heißen Schatten besudeln wollte, der in ihre Lenden gepresst wurde; sie, die sie in der Ausschweifung des Schmerzes ihres Leides begriffen war.

Allzu viele Tage jener Art gab es in den letzten Monaten, dass die Blätter in den von der Furcht durchtränkten Parks nicht mehr ausreichten, um das aufgeschwollene Corpus der Erde in jeder Scholle zu bedecken. Die Nebel überzogen die Wege entlang der Parkbänke, welche die Nacktheit des angebrachten Metalls zur Schau stellten und die Feuchtigkeit legte sich über die Fingernägel der sich durch erzwungene Gestik hingebenden dürren Frauen. Die Eintönigkeit umrankte die Tage und die empörende Stille der Vormittage biss die Dunkelheit der anbrechenden Dämmerungen an der Grenze des zur Hälfte durchstreiften Himmels mit einer spöttischen Agonie der letzten Niederkunft.

Das Anklopfen wiederholte sich an der Tür dreimal, jedes Mal überzog es sie mit einem anschwellenden Recht eines Ungeduldigen. Sie bewegte sich nicht. Dann hörte sie jemanden die Treppe hinunter laufen. Ganze Tage brachte sie am Fenster oder mit dem Liegen auf dem daran gestellten Sofa zu, ebenso die Nächte. Sie stand auf, nahm mit den Händen sachte die dunklen Haare und band sie zu einem Dutt. Dann glättete sie straff das dunkle Kleid und ging durch den mit der Dunkelheit tränenden Flur an die Tür. Sie lehnte sie an in der Hoffnung, eine Nachricht wiederzufinden. – Stille. Dasselbe wiederholte sich einige Tage, bis sie die Stunden schließlich an der Tür totschlug mit dem Warten auf das Kommen. Von wem nur? Eines Tages stand sie auf, lehnte wie gewohnt die Tür an. Ihr gegenüber stand eine junge Frau, in Trauer? Beide schwiegen. Sie öffnete die Tür, stellte sich an die metallene Verriegelung an der Seite und gab der Frau mit der rechten Hand ein kaum merkbares Zeichen.

Bonsoir *(eine sanfte Stimme sprach halblaut).*

Je vous ai attendu *(entgegnete sie).* Vous avez été là-bas?

Oui.

Où il gésit?

En dehors de la ville.

Pourquoi?

Ils ont dit qu'il **les** connait.

Qui?

Les gens dans une ville. Ils ont dit qu'il a connu leurs peintures, leurs pignons et câbles et… *(ihre Stimme erzitterte)* leurs âmes, l'âme, qu'ils ont angoissé, quand elle a parlé: ′des nuages′, ′du vent′…

Wieder ging sie ans Fenster. Schaute zum Himmel und erinnerte sich an die Worte eines der Autoren, die er immer wiederholte, wenn sie ihn nach den Fernen fragte, dann sagte er: *„J'aime les nuages…les nuages qui passent…là-bas…là-bas…les merveilleux nuages!"* und schwieg. Gott, sie besuchte ihn nicht, seitdem sie fort war, nicht einmal kam sie, als sie ihn beisetzten. Wovor wollte sie fliehen? Was wollte sie erringen? Die Frau in Schwarz saß auf dem Sofa mit einem in Stein gemeißelten Gesicht des *Penseur* und reichte mit ihren Sinnen bis an den Rand der nahenden Nacht der verlassenen stählernen Weite vom Hades. Trotz der andauernden Stille wandten sich die beiden Freuen auf einmal zueinander, wie wenn sie von einer sich in der Dunkelheit des Korridors schlagenden Stimme hingerissen worden wären, um gleich den fragenden Blick der anderen zu treffen. Sie schauten sich an.

Et puis... Bon Dieu... Sa tombe. Je les ai entendus crier : 'Artiste!', 'Crapule!', 'Hérétique!'...

Warum wollte sie es auf einmal nicht mehr hören? So sagte sie nur halblaut: -

Merci!

(Die Frau stand auf und ging lautlos zur Tür, während Emilie am Fenster in die Dunkelheit der schon angebrochenen Nacht hinhorchte)

Nicht einmal blickte sie hinunter, doch nahm sie eilige Schritte wahr, welche die Stille entzwei brachen. Und wieder verbrachte sie die Nacht am Fenster. Von überall her kam der unaufhörliche Ruf des Windes. Die verborgenen Geräusche des arbeitenden Hauses erregten die Spannung in jedem Element ihrer Sinne. Sie lief vor das Haus. Der Regen tropfte auf ihr Gesicht. Der Schwarze Hut bedeckte mit seinem Rondo ihre rabenschwarzen Haare. Die Regentropfen flossen daran gleichsam in der Eile vor dem Morgen hinunter, der sie um die durchsichtige Gestalt und eine kalte Reife des Uranfangs bringen könnte.

Die Ärmel wurden immer schwerer. Sie lief, lief, scheinbar von einem unbekannten Triebe, einer Gier gejagt, die nun zu einem jeder ihrer Glieder zu werden begann, zu einer empirischen Art von Dauer eines nächtlichen Geräusches, einer schleierhaften Pupille bitterer Fassbarkeit eines unbekannten, sich in eine Süße wandelnden nie enden wollenden Triebes, einer Unermesslichkeit der Sinnengeschlossenheit, zu einem - Verlangen. Die Regentropfen wurden *sie* und schlugen gegen ihre Sinnlichkeit mit solch einer Kraft, dass sie es kaum noch ertrug, nicht loszuschreien. Sie schaute die Türme an, dieselben sie. Enge Gassen wurden zu einem Lauf, sie war nicht mehr sie selbst sondern eine Empfindung, eine lediglich versöhnliche Geste zwischen ihr und der Impulsivität der Nacht, zwischen Zylinderenge und Kolben. Ein Park, ein dunkler Park, eine Kirche, eine große dunkle Kirche, die ihr die stählernen Arme glänzenden Heiligkeit reichte. Sie lief in eine kleine enge Gasse, wo aneinander gereiht Maschinen abgestellt wurden, Maschinen mit ihrem Schatten, welche die Nachtschatten noch verdoppelten, große glänzende stählerne Konstruktionen. Sie schlich sich langsam an ihnen vorbei. Tausende, abertausende Augen schauten sie unentwegt an.

„Küss, komm, küss!" - flüsterten sie.

Ihre Stimmen kamen aus jeder einzelnen Verbindung fadenartigen Blutsgebildes hervor. Mehr als sie es nur zu empfinden vermochte, wurde zu ihr selbst. Die Größe des Metalls durstete es nach Sinnlichkeit, worauf sie nicht vorbereitet war. Doch gleich darauf sah sie schon ihre Fratzen, die aus jeder Koppelung hervortraten. Kaum riss sie sich aus ihrer klemmenden Umarmung los, da stieß sie schon mitten auf einen breiten leeren Platz. Sie schaute zum Himmel und verspürte mit einem Male ihr Alleinsein inmitten der Dunkelheit, nur der Lärm der gehetzten Dinge zwang sie dazu, … Noch einmal schaute sie zum Himmel, Gott, dachte sie, wie Tausende von Nieten, glänzenden Nieten … und eine jede davon wollte von ihr Besitz ergreifen. Sie kniete sich auf die Steine nieder, schlug ihre Hände gleichsam zum Gebete zusammen und verweilte so. Doch in ihrem Leibe dampften die Klänge rasender Nacht. Äol jagte in Eile die Furien und teilte ihnen des Nachts die Aufgaben auf, bei einem jeden Einsamen zu sein. Sie schwieg, schwieg. Doch schon wieder fing es über ihr von neuem mit der Kakofonie der erweckten Nacht an. Sie fühlte unter ihren Füßen die Steine atmen. In einem jeden pulsierte das Blut und ihr schien es, sein Fließen zu hemmen. Gott, wie sehr wollte sie sich darüber erheben, ach, den von Last ekelhaft rau gewordenen Körper loszuwerden. Der Stein presste in sie die Lymphe, die alle Zellen umlief, zu ihr wurde, sie zu ihm zugleich, flüsterte mit ihm. Vertraute Gespräche pulsierten in ihren Ohren, Gespräche von abertausenden Hingerichteten auf diesem Platz, Schreie eines jeden Jünglings und der ihm entreißenden Geliebten. Doch schon wieder erkaltete der Stein. Langsam begann sie, sich in seiner Kälte zu verlieren, als sie schließlich zu Boden stürzte. Stunden vergingen und sie lag da, lag da… Ach, wie lange konnte sie denn nur so bleiben?... Bald hörte sie aber herannahende Geräte aller heruntergekommenen Behausungen, rhythmische Schläge des Rathauspendels, Stahlringe, Schritte, Summen, Klirren, Scheiben von undrapierter Sichtbarkeit rot angelaufener Augenhöhlen, Gott! Sie stand auf, schaute sich um. Die Leere. Plötzlich fand sie sich auf einem Hügel außerhalb der Stadt. Die wenigen Laternen zogen in sich die klebrigen Gassen hinein. Auf einmal hörte sie ein Motorengeräusch hinter sich. Die rhythmischen Rotorbewegungen baten sie um Gefühl...

„Komm, bitte, komm, komm mit mir in die Nacht hinein!“

Sie lief zum Auto. Sie fuhren los. Durch die engen Straßen, unter Lagern und menschlichen Schablonen. Sie fuhren auf einen anderen Hügel hinauf, ach, wie geschwind nur! Sie versuchten, sich aus den Händen wahrzusagen, doch wo sind sie bei Gott? Sie wollte sich unterhalten, doch sie hörte lediglich Bitten um Wärme, an der es bei Nacht der pflügenden Maschine fehlte. Sie konnte sich aus der straffen Umarmung des Rades nicht mehr befreien, das Lenkrad lag schwer an ihrer Brust, sie fühlte das Pulsieren und Schwirren des Rotors. Das aufgedeckte Auto ließ sie den kristallenen Regen erfühlen, der immer noch nicht aufhörte, und sie, einer Mänade gleich, trank aus dem Becher eigener Bitterkeit.

Als sie vor dem Haus sich einfand, nahm sie Schritte auf der Holztreppe wahr. Sie machte auf, blickte nach oben. Jemand blieb in der obersten Etage stehen. Sein Schatten legte sich allmählich träge an ihn und verließ nach und nach die feuchten Wände unterer Stockwerke. Sie erschrak. Eine Weile noch blieb sie vor dem Haus stehen, um dann mit bereits verdoppelter Kraft hineinzulaufen und vor eigener Tür stehen zu bleiben. Diese stand offen. Sie ging hinein. Er. Er stand vor ihr. Bei Gott! Er. Was für einen bitteren Geschmack verspürte sie im Mund! Sie fiel ihm in die Arme, schrie auf, Gott, wieso nur? Wieso lügen sie alle immerfort? Diese verfluchte Mystifizierung tötet uns. Und sie entsann sich einer schwarzen Frau. Sie auch! Alle! Doch er umarmte sie desto kräftiger. Stille. Die Regentropfen klopften mit ihrer Bewegung die Töne eines Requiems. Warum lässt sich aber nichts machen? „Es ist die letzte Nacht, die durch mich atmet.“, flüsterte er und fing an, sich langsam aus ihrer Umarmung zu stehlen. Noch berührten sich ihre Arme, doch das Blut pulsierte nicht mehr. Stille.

Sie ging vom Fenster weg. Der Regen hörte langsam auf, es dämmerte; die ersten Menschen gingen zur Arbeit wie in einem Trauerzug. Eng beieinander, eine Masse von Halbwahrheit und verführter Identität. Alle in schwarz. Wie immer, schwarz. „Wieso ist alles in dieser Stadt schwarz?", sagte sie leise und obwohl es ihr schien, es wären die einzigen Gedanken, erblickte sie an der Fensterscheibe die verdampfende Wärme ihres Atems, getan durch einige Worte; sie erblickte einen sich davon stehlenden kleinen Fleck von etwas sehr Wichtigem in ihrem Leben, wie er. „Und ich kann mich nicht befreien. Wieso wird die Reflexion nur noch zur letzten Salbung? Warum muss ich immer und immer mit den Schatten in meiner Seele kämpfen, meiner Seele?... Und diese Trauerzüge, diese ewigen Trauerzüge!..." Doch sie konnte vom Fenster nicht mehr ablassen. Wie lange denn stand sie da schon. Einen Tag. Eine Nacht. Einen Tag. Stille. Und diese nächtlichen Spaziergänge. All dies nahm in ihrer Seele Gestalt einer spiegelartigen silbernen leeren Gewogenheit an, einer Sorge um sich selbst, und doch tat sie es nie.

Als alle vorüber waren, ging sie vom Fenster weg und setzte sich aufs Sofa. Sie drückte ihre Hände wie zum Gebet zusammen und schloss die Augen. Sie schloss immer die Augen, wenn sie sich unsicher war; wohin sie gehen sollte, da log die Welt nicht mehr. Und er, als er bei ihr war, sagte: „Schließ die Augen, doch höre nicht auf das stählerne Murren der Uhr, höre nicht auf sie, auf diejenigen, welchen an einer Geradlinigkeit, an einer billigen Fratze der Wahrheit liegt, um die im Grunde doch niemand weiß." Und wieder, als sie die Augen öffnete, fand sie die Dunkelheit vor. Seit einigen Tagen nahm sie kaum etwas zu sich. Ihr Gesicht veränderte sich nun fast mit jedem Tag und vor den Spiegel treten wollte sie nicht, der nur etwas vorlügt und die Seele nicht wandelt.

„Was du siehst, schwindet in Ohnmacht. Was du fühlst, ist dein Augenlicht. Vor ihm fliehst du nicht, es ist der Blick deines Ich, es folgt dir, fühlt dich, och nein, mühe dich nicht, Kompromisse zu erzielen."

All das trug jetzt ihr Blut in den Adern vor sich und indem es durch das Herz gepumpt wurde, nährte es die entlegensten Kammern des Bewusstseins. Sie schluckte einen starken Kaffee herunter, nochmals, in ihrem Mund erzitterte ein Croissant, noch eins. Sie hörte Stimmen:

„Ein Kompromiss ist eine Konstante, die zu einer Determinante unseres Überlebens wird. Die Sterne sind ein Kompromiss der Nacht mit dem Tage. Der Wind ist ein Kompromiss einer Wärmeskala. Das Wasser ist eine Variable, welche unsere Ausdauer charakterisiert. Denn alles strebt nach einem Kompromiss. Die Tiere vermehren sich und reizen die Vergänglichkeit mit ihren Instinkten. Gleiches gilt für die Türme, für die großen Glockentürme, die ein sichtbares Zeichen unserer teilbaren Hinfälligkeit sind. Der Kompromiss! Denn das Leben ist eine Selbstverstümmelung und ein ständiger Versuch, die sich in unserem Körper ewig teilenden Atome zu überlisten."

Sie verstand es zwar, dass nichts von ewiger Dauer war und dass alles irgendwo einen Kreis schlagen musste. Es mussten keine tausend Jahre sein. Es musste kein Nirwana sein. Es mussten keine Steine sein, die auf die Gräber der Verstorbenen geworfen werden. Sei es nur ein Moment. Sei es ein Körper in der Unermesslichkeit des unergründeten Gehirns, eines harten Ich, sei es ein empfindlichster Marmor sinnlichen Angriffs der Stille. Sei es eine Stimme von tausenden von Raubtieren! Seien es die Schläge des Hammers, der stählerne Ringe schmiedet und ein starker Griff einigender Kraft eines Bildhauers! Sei es die Geschmeidigkeit des Wortes eines schlafenden Dichters. Gott, sei es Orfeus´ Gefühl und der hinter ihm schreitenden Ohnmächtigen und die Inbrunst der zerspaltenen Dido! Doch es sei! - mögen auch die gegen die Hirnhaut anstürmenden roten Körper nur einen hoffnungslosen Kampf um den Vorrang auf dem Weg zur Auflösung sein.

Sie stand wieder auf. Ihre Hände blühten von pulsender Anstrengung, einer Wartenden und niemanden kennenden, der ihr entgegen kommen mochte. Sie schaute sich um, ging durch das ganze Haus. Der lange Flur verband einige Zimmer und die zum Grubenbau hinausgehende Küche. Sie nahm aus dem Schrank einige Kleider und ging hinaus, drehte den Schlüssel dreimal im Schloss der hohen Tür, der einzigen Tür, die sie in ihrem Leben öffnen wollte. Denn so viele Dinge sah sie hinter so vielen Türen und alle voller Gewissensbisse und Bitterkeit eigenes Ich.

Beim Hinuntergehen auf der Treppe ließ sie auf einmal ihre Tasche fallen, aus der sich schwarze Kleider lösten, den Treppenflur hinunter eilend wie durch Treibjagt gehetzte Tiere, jedes in eine andere Richtung und manche hinter den anderen her, jedes für sich und manche mit dem Gefühl einer Bindung, zusammen mit den anderen.

Sie beugte sich vor.

Sie fiel, ohne sich am Geländer festzuhalten.

Sie sah das große zur Straße hinausgehende Fenster, welches sie nun hineinzog, sie, obwohl sie doch noch zu *dieser* Seite gehörte; sie sah ihren eigenen Lauf, als sie zum ersten Male den Schienen entlang rannte, nachts. Sie sah ihn, der er über ihr stand, als sie nachts auf der Straße fiel, sie sah stählerne Wagen, gezogen durch kleine Leute und einen großen Wagen, den ihr Vater einst fuhr, da er nachts die Menschen zur Arbeit brachte, ins Büro, in dem andere saßen, mit stumpfen Gesichtern, mit so erbarmungslos stumpfen Gesichtern in ihrer Sturheit.

„Sie stürzte kopfüber drei Stockwerke nach unten."

Jemand flüsterte in der Dunkelheit.

Gab es niemanden im Flur? Hörte denn niemand ihren Sturz? Die großen Räder zogen die Männer aus der Nachtschicht der Bergbaueinsiedeleien hinauf. Die kalten Wände küssten ihren dunklen Mund. Dann öffnete jemand die Tür und sah die vor ihm liegende Frau. Er schaute genauer zu und schlug die Tür mit einer Grimasse aufgekommener Empörung hinter sich wieder zu. Erst am nächsten Abend nahmen sie vier Männer und wickelten in ein dunkles Leinentuch.

Die kalten Wände flüsterten noch in derselben Nacht:

„Küss...küss!..."

- und verschworen sich mit dem Sausen der durchfahrenden Züge.

Jemand räumte die Wohnung noch auf, jemand anders trug die Dinge aus und stellte sie falsch auf ein schwarzes Fahrrad. Die Uhr schlug jede Nacht mit einer kalten Geste der Gleichgültigkeit, die Schienen lockten mit ihrem Rattern die spielenden Kinder, die darauf ihre Köpfe legten, welche Distelköpfchen glichen, die unter der Last eines Gusses fielen.

Niemand fühlte sich betroffen.

Der Mittag

Bewegung, Bewegung, Bewegung. Eine unaufhörliche Bewegung. Der heiße Tag streckt sich träge an den Gesichtern der mit der Mittagszeit Kämpfenden, manchmal geht eine Frau vorüber. Ach, deswegen wird der Tag auch doch nicht gleich erfüllter. Eine abgrundtiefe Bewegung bedeckt die Straßen, und wieder der Bahnhof. Gott, dass ich mich nirgendwo sonst aufhalten kann! Wer hat mir das beigebracht? Wer nur? Hier versammeln sich diejenigen, die von der Leere besessen einen Kampf mit dem Lauf der in der Sonne leicht gewordenen Stunden führen. Ja, es ist wahr. Ich trage bei mir seine Erzählungen, denn verbirgt sich darin nicht jenes, was wir wahrnehmen und manchmal doch alles dagegen setzen?! - Die Städte! Och, aber wir sind nicht schlau genug, vor uns selbst fliehen zu können. Und ihre Stimme entsteigt einem Megaphon. Zuweilen scheint es mir, dass tausende von Menschen, die Ur-Wesen einbüßten, sich lediglich nur noch einer leeren, einer sich im Qualm des Herbststaubes auftürmenden verwehten Sprache bedienten. Ja, wir haben schon Herbst, und ich leugne es nicht, dass in der Jahreszeit etwas ist, was die anderen ganz und gar melancholisch und zum Nachsinnen stimmt. Och nein, der Herbst ist lediglich ein Versuch unserer Kräfte, Kräfte, die wir der Leere der Menschengesichter entgegenzusetzen haben, denn dass die Menschen sie aber nicht haben, weiß ich seit langen sehr wohl. Ich sitze. Und obwohl gerade um mich herum eine ununterbrochene Bewegung herrscht, geschieht nichts. Ein Mensch bewegt sich langsamen Schrittes durch einen Holzstock in die rechte Position gebracht. Nein, nein, das Alter lässt keine Täuschung zu! Och, was für Ausflüchte und Kunstgriffe unternehmen wir nur, wir Schlauen, um die Zeit übers Ohr zu hauen, um vor ihr gerade noch in den Zug einzusteigen, bevor sie uns am Vertauschen unseres eigenen Ebenbildes ertappt! Gerade noch in den Zug, bevor sie uns im Warteraum ausfindig macht und unsere Hände, unsere Gesichter, unsere Sinne, wenngleich jene durch die Erinnerungen immer noch gewandt, zum Gegenstand der Verachtung macht. Ich sah einen Mann, der vor dem Eingang stehen blieb. Warum nur? Ich war mir unsicher und ich ging vorbei. Och, viele versuchen es, mit den Worten die Bürde der Zeit zu bedecken, die sich auf dich niederlegt und dein Gesicht abschirmt. Mir gegenüber erblickte ich eine Frau. Die Frauen versuchen es immer, im tiefen Nachsinnen das Wesen der verrinnenden Zeit zu fassen. Aber schreibt sie denn auch? Wie ich? Über mich? Nein, sie liest. Was kann sie denn nur lesen? Gott, was denn nur? Baudelaire, Poe, Borchert? Kennt sie sie alle? Werden die Städte mit ihr auch einen Kampf an der Grenze der stetigen täglichen Illusionen führen? Gott, wieso leben wir in der ewigen Mühe, unseren Vermutungen fortwährend eine sichtbare Struktur zu verleihen? So viel ließe sich schweigend tun. Und es gibt viele Menschen um mich. Sie warten. Sie starren mich an. Ob sie mich aber hassen? Fürchten sie sich, in ihre gefesselte Seele einzudringen? Seit einiger Zeit merke ich, es wird viel gelesen. Och, was ist das aber für ein Lesen! Die Augen fixieren gleichsam die dunkel gewordene Maschinenschrift, die heute Morgen noch frisch, in ihren Händen aber schon zu verkrusten beginnt. Viele lesen, und sie wähnen, es wäre sonst eine ganz und gar übliche Beschäftigung, ja, statt eben Gebäckhappen in der Mundhöhle hin und her zu wälzen. Ich weiß bei Gott nicht, wie viele Menschen hier sitzen, um sie selber zu sein. Doch fragt denn überhaupt jemand danach? Wozu? Och, nein, ich will keinen Anschein erwecken, ich wäre anders womöglich, denn wie kann man denn nur anders sein, heute, doch es wäre gelogen zu behaupten, zu all denjenigen anzugehören, die mich „kennen". Ich kenne sie nicht, ich liebe sie, doch sie wollen mich nicht! Heute wird ein Wort, och, ein starkes Wort gebraucht und hunderte von tüchtigen Händen, um sich selber zu erblicken. In der Mittagszeit, wenn sich ein Murren von Seufzern erhebt, werden Fragen geboren. Es werden Angst und die Sicherheit geboren. Es wird die Sicherheit geboren, dass danach die Angst kommt - ein Gefühl, erfahrener denn Hunger. Das erste Gefühl des Menschen, der sich davon stahl und die Hand dem Schatten reichte. Och, dies Gefühl trat rasch ein, wie ein Vogel, der sich auf einen Ast gerade eben gesetzt, schon seine Beute erspäht, um der Schar den Fraß zu Lob werden zu lassen, dass er ihn nicht zu verleugnen schaffte, denn es kam so schnell über ihn, denn es kam mit einem Wort. Und er wurde wie jene, die durch die Löwen geschützt, sich vor Ihresgleichen im Offenen fürchten. Sie fürchten uns, fürchten sich vor ihnen, fürchten sich, dort hinterlassen zu werden, wo, obgleich dort schon lange verweilend, du deinen Namen nicht mehr erhörst, denn alles verflüchtigt sich in einem Seufzen. Später sah ich seine Hand – er saß gleich nebenan –, zunächst auf einen Stock gestützt, fing sie nun an, sich um die Gunsten der Vergänglichkeit zu mühen. Och nein, es dauerte nicht lange an, nur einen Moment. Doch aufhalten konnte er sie nicht mehr, diese einige Minuten reichten aus, um meine Vermutungen zu bestätigen.

Es gibt keinen Ausweg, es gibt lediglich die Frage der Wahl, wenn man nicht dazu gewählt werden möchte und dabei gibt es selbst davor keinen Ausweg, sorgfältig ausgewählt durch die Zeit, die an uns ihr Gesicht schnitzen wird, an jedem anderen ein anderes, nach ihrem Mühen und Tag. Er muss tatsächlich mein Warten bemerkt haben, denn er hustete nun Mal um Mal, als wenn er versuchte, meine Aufmerksamkeit von ihr ablenken zu lassen. Er verbarg sie in der Umarmung der anderen, um dort so lange zu verweilen, wie lange sie eine andere zu sein scheint, nicht seine, jemand anders, der älter sei, sie beim Vorübergehen am Holzstock stütze. All das muss doch zufällig sein, mochte er gedacht haben. Ich will nicht behaupten, dass mein Bahnhofsbesuch etwas mehr bedeutete als ein Zugehörigkeitsgefühl, doch auch hier wäre es gelogen zu meinen, er würde gar nichts bedeuten. Och, kann man denn sonst woanders so viele Gesichter, Sinne, Hände, plötzliche Bewegungen und noch verschlafene Bewegungen sehen als hier?

In einer Bibliothek? In einer Bank? Auf einem Ball? In einem Vorlesungsraum? Auf einem Geburtstag?

Bewegung, Bewegung, Bewegung. Der heiße Tag reckt sich träge an den Gesichtern der mit der Mittagszeit Kämpfenden, manchmal geht eine Frau vorüber.

Soll ich denn noch etwas dazu schreiben? Nein, den Rest vollendet der Tag.

Über einen Mangel an ausgezeichneten Ideen hatte ich mich nie beklagen können. Ich teilte sie reichlich aus, wie man es manchesmal mit dem Trinkgeld in einem Luxushotel zu tun pflegt. Ich wollte bemerkt werden. Doch wie enttäuschte ich mich, als ich meine Arbeiten vor der Tür liegen sah. Eingepresst in einen grauen Umschlag, dehnten sie ihn mit dem Pulsschlag meines Herzens beinahe über die Maßen hinaus. Ich stand, das große Format der Sendung bewegungslos anschauend. Das Taxi setzte sich in Bewegung. Der Fahrer hupte zweimal. Deswegen vielleicht, weil ich das Restgeld nicht nahm, es nicht abrechnete und mich fahren ließ, als wenn um jede Ecke die Journalisten auf mich lauerten?... Hupte er womöglich deshalb, da er wähnte, für eine nächste Konferenz bestellt werden zu können? Der Wind wurde stärker. Die ganze Sendung, mit einer billigen Schnur verbunden, lag vor mir. Die Leinenfäden streckten ihre Arme gen Osten. Sie arbeiteten wie Hände einer indischen Tänzerin: geschickt, energisch, geschmeidig, doch eine Ganzheit bildend, nicht frei. Und es schiene, als wenn sich durch die Bewegung die elementaren Fakten von der Karte des eigenen Daseins entfernen können. Die Schnürchen. Die Tänzerin. Ich. Ich öffnete die Tür und ging über das Päckchen in die Wohnung. Ich erwartete Briefe, Zeitungsartikel, Anrufe, Gespräche, Interviews, vielleicht ein gemeinsames Abendessen, Gott alleine mag es wissen, was ich nicht alles erwartete – nichts kam, nichts, nichts! Ich kaufte einige größere Blumenvasen, ein Paar Schuhe, neue Krawatten. In einer Druckerei ließ ich eilig Visitenkarten anfertigen. Mit einem leichten Druck stellte ich die Lage der Tür im Türrahmen ein und schloss sie leise. Doch kaum einen Schritt gemacht, klopfte es an der Tür hinter meinem Rücken. Ich hielt inne. Indem ich die Schlüssel in der Hand heftig drückte, versuchte ich in der Sicherheit ihrer Bestimmung eine Stütze zu finden. Sachte trat ich mit dem rechten Bein zurück, sodass der Schritt, den es mir nicht zu machen gelang, in die entlegene Stubenecke huschte. Ich stand sicher. Das Anklopfen wiederholte sich. Ich schaute auf die des Atems beraubte Bildreproduktion, die einen in seiner Arbeit vertieften Engländer aus Nottingham darstellte. Jetzt konnte ich mich dem Bild nicht nähern, konnte das Blatt Papier nicht aus nächster Nähe betrachten, welches jener mit seinen Gedanken zu füllen beabsichtigte. Doch der Gedanke an ihn füllte die Leinwand desjenigen, dessen Freiheit zum Zeichen für die anderen wurde. Ich dachte auch an die Graves-Basedov-Krankheit, mit der ich nun mehr gemeinsam zu tun haben könnte als mit der Tatsache, in den Gedanken die seit einer Weile nicht mehr existente Leinwand zu haben. Ich fühlte, wie meine Augen einen Punkt an der Wand zu finden suchen, um ihn nun auseinandergehalten, das Elementare des gläsernen Wesens ihrer Oberfläche zu verweben. Nichts kam. Den Menschen hinter der Tür muss bereits eine Zeit lang nicht mehr gegeben haben, denn nun nahm der Wind merklich an Kraft seiner Atemzüge und der Regen stach in die Fensterrahmen. Die Tränen der Verletzten rollten über jede der zwei mit der Dunkelheit bedeckten Fensterscheiben hinab. Die Straße hinunter fuhr ein Wagen und seine Lichter warfen auf meine Wand einen weißen Streifen zu enger Vertraulichkeit hin. Einen Moment lang, einen nur kurzen Moment, schien mir, der Mensch auf dem Bilde würde sich regen, unter seiner Hand heraus würde sich eine Linie, eine gerade, doch eine vollkommene Linie davon stehlen. Ich trat näher an die Leinwand. Ich griff in die Seitentasche meines Jacketts, holte vorsichtig das Feuerzeug heraus und beleuchtete die Leinwand. Ich wollte mich unbedingt der Form vergewissern, welche der Zeichner ausführte. Nichts. Keine Linie, keinen Ortswechsel. Keine Bewegung im Raum. Wiederholt das Klopfen an der Tür. Jemand, dessen wachsamer Blick das Licht des Feuerzeugs in der Finsternis der Stube auseinanderhielt, stand abermals vor der Tür. Nun konnte ich nichts weiter tun. Meine beiden Hände waren ja beschäftigt! Sollte ich denn etwa die Schlüssel aus der Hand fallen lassen? Die Schlüssel? Wie sollte ich denn das Feuerzeug aus meinem Griff befreien, die einzige Lichtquelle, die mir übrigblieb?! Das Klopfen nahm zu. Mit jedem Schlag wandte sich die Tür zu mir in einer flehenden Geste hallenden Geräusches. Gott, wachse aus mir heraus! Erprobe den Steatit meines Leibes mit dem Feuer deines Wortes! Das Rasseln an der Tür nimmt an Stärke zu! Lasst es still werden! Bei Gott, gibt es denn niemanden in der Stadt? Ich drehte mich um, machte zwei Schritte an die Tür, ergriff die Klinke. Mit einer plötzlichen Bewegung öffnete ich die Tür... Vor mir stand der Taxifahrer, der in der Hand das Restgeld hielt, während jemand aus dem Auto seine Rechte laut bekundete. Ich nahm das Geld entgegen und schlug die Tür hinter mir zu. Stet, dachte ich.

2010

Die Ankunft

Ich habe alles aufgegeben. Der Tag der Ankunft war ein Schrecken ohnegleichen und alle darauf folgenden verdoppelten ihn nur. Ich sitze nun in einer Dachstube. Jede Sekunde reißt das Gehirn die Fäden meines früheren Lebens auseinander, verankert in endlosen Kompromissen, die mich nach und nach wie einen Parasiten ins Verderben stürzten, mich mir selbst entfremdeten bis zur Unkenntlichkeit, mich vor mir selbst anekeln ließen. Nun werden die Fäden aufgewickelt. Ich bin eingeschlossen in einer Welt, aus der es keinen Ausweg mehr gibt und geben kann. Und jeder potenzielle Ausweg führt in eine dunkle Schlucht. Ich vertrage den Gedanken nicht mehr, so sterben zu müssen und so sterbe ich jeden Tag, der meinen Tod nur verlängert. Ich höre Gespräche. Ich höre Möwengeschrei. Ihr Lachen über mir, über mich und über meine Vergänglichkeit, die keinen Sinn hat. Ich habe meine Vergangenheit hinter mir gelassen, um hier neu anzufangen. Gerade eben hier. Aber nun ist es ohne sie nichts anderes da und auch sie ist nicht mehr da. Nichts ist da. Nicht einmal das Nichts. Alles zerschlägt sich um mich wie eine Flasche Sekt gegen ein neues Schiff, das vor aller Augen gerade sinkt, langsam, kaum merkbar, und doch ist nichts sicherer als sein Untergang. Die Flasche platzt und der Verschluss bleibt hängen. Dann die gewöhnlichen Gespräche. Das übliche Lachen. Die Wünsche, welche nie in Erfüllung gehen. Ein zufälliges Beisammensein von Regentropfen in einer Trübe. Kein Blick trifft den anderen, stößt in eine endlose Leere, die sich mit nichts als ihren Ausdünstungen allein füllt. Ein übertönter Untergang wird noch einmal zelebriert. Ich bin eingeschlossen in einer Welt, die sich um ihr Vernichten dreht. Ich wünschte, nicht mehr aufwachen zu müssen. Wozu das Aufwachen, mitten in der Qual, die mich zerreißt! Meine Tage neigen sich ihrem Ende, das nie einen richtigen Anfang erfuhr. Nichts hatte einen richtigen Anfang. Alles war Selbsttäuschung, ein Trug, um sich in famosen Unwirklichkeiten zu vergessen. Aber auch das Vergessen brachte keine Linderung, denn es kann auch keine mehr im Tartaros geben. Es sei denn, den Tod betrachtet man als eine, aber gerade lebe ich den Tod, bin tot, allzu nicht vorhanden, um noch da zu sein. Und in diesem Nicht-Vorhandensein sterbe ich einen Tod, der nie zu Stande kommt. Es wäre allzu einfach, so zu sterben wie eine Blume, die der Wind im Maifeld entzweibricht. Also bin ich da, eingeschlossen und allem zu weit, um es noch als real zu betrachten. Wenn etwas aber wahr ist, so ist es lediglich die Bewusstheit, gerade an den Punkt angelangt zu sein, welcher der Anfang dessen ist, was meine Vorstellungen zermalmt.

Strøget

Der Tag verschlug mich unter die Menge. Ich erhoffte mir davon eine neue Bekanntschaft mit einem jener Künstler, die einer Wachsfigur gleich sich an den Häuserfronten und bunten Plätzen zur Schau stellen. Ich erhoffte wohl zu viel. Allzu viel. Sobald ich ankam, schlug mir die Menge mit ihrem schweißverzerrten Trieb ins ermüdete Gesicht. Ich fiel zu Boden. Die Leute gingen an mir vorbei wie an einem Aussätzigen. Ich sah Gesichter, verzerrte Leiber, die im wulstigen Getanze einer letzten Krone harrten. Das Land, welches in den silbernen Seen ihre Anmut spiegelt, versank im Schlamm. Niemand wusste recht, was mit mir anzufangen wäre, aber darum ging es im Grunde nicht. Als ich aufstand, war die Sonne gerade über Tivoli. Das bunte Treiben nahm auch hier kein Ende. Die unzähligen Fahrräder kreuzten meinen Weg und jemand stand auf dem Markt mit einem entstellten Gesicht, lallte in einer nur ihm bekannten Sprache, der Sprache eines Aussätzigen. Es ist all das zu schwer geworden in mir. Ich hörte bekannte Stimmen, doch sie verloren sich, sobald sich das Singen des Mannes erhob. Er stieg auf und erfüllte alle um ihn herum mit einem unbekannten Bangen, das über die Münder gerade aufwachender Kinder geht. Er übertönte alles um sich und alles übertönte ihn. Er war verloren in einer Welt, die blindlings in die Schlucht jener biblischen Herde treibt, darin verschwindet, die Satansbrut. Ich fuhr aus der Stadt. Øresund glühte in der Mittagssonne, dann Västra Hamnen. Unerträglich heiß. Menschen in Badeanzügen. Fabriken. Dann Pildamsparken, die Bewusstheit unentrinnbar ablaufender Zeit und die Tatsache des *einen* Augenblicks. Dann Stortorget und Lilla Torg. Der Tag vergeht in einer unerträglichen Glut.

Der Abend legte sich indes über Kliplev und Gråsten, über Malmö und über ganz Skåne. Die Tannenschatten standen am Rande der in der Dunkelheit versinkenden Felder…

Die Irrfahrt

Als die Wolken sich endlich zu lösen begannen, kam der klare azurfarbene Himmel zum Vorschein. Er erstreckte sich vom Osten bis an den Westen über der weiten Heidelandschaft. Die Zeit, die er hinter sich ließ, verging im Dunst der Jahre, die nichts anderes waren, als sie selbst. Ohne Inhalt und Zweck. Das Aufwachen brachte nichts außer erneuter Müdigkeit. Die letzten Wolken jagten nun am Himmelsrand gen Süden. Dort werden sie sich über der heißen Wüste lösen. Es bleibt nichts mehr übrig davon. Sie zerfließen. Noch immer lag er da. Auf seinem Gesicht bildete sich nachts der Tau, der nun die Wangen herunter zu fließen anfing. Er war müde. Nur müde. Doch weder im Schlaf noch im Wachen konnte er die Landschaft wiederfinden, inmitten welcher sein Körper sich augenblicklich befand. Nach und nach wurde es wärmer. Die Sonne stieg langsam, doch unbarmherzig auf und über dem rosafarbenen Heidekraut flogen hin und wieder emsige Bienen hinüber bis an den Waldrand. Dieser stand einer Wand gleich am immer grell werdenden Horizont. Still und unbeweglich. Genauso unbeweglich stand er da, wie er selbst damals, als man ihn gen Osten gehen ließ.

„Ex oriente lux".

Schwer vom Schlaf wurden seine Beine. Der Kopf wie eine Bleikugel. Und doch war dieser sein Zustand alles andere als jener, den man sich unter barbarisch gequälten corpus vorstellen mag. Das war einmal. Jetzt ist nichts mehr da. Erinnerungen nicht und auch nicht die Sprache. Ein schneller Griff ins Innere und er müsste sich finden. Nichts fand sich wieder. Als er die Augen öffnete, stand jemand über seinem glühenden Leib. Ein Schatten, der sich nicht bewegte. Man lud ihn auf eine Bahre. Es duftete überall nach Heidekraut, nach Heidekraut und Fenchel.
Wieso bin ich hier?
Wo bin ich?

- *Schweigen*

Delirium tremens

Die Zeit brach in seinem Hirn entzwei. Fortan war sie Herr über sie selbst und nur über sie.

„Wieso zittern Sie denn?"

Das fragte der vor ihm stehende Arzt. Sein Monokel saß fest in der Hülle der alternden Haut.

„Ich wiederhole: Warum zittern Sie?"

Ihm war, als drehte sich der Kopf einem bunten Karussell gleich. Bunt und laut wurde überall um ihn herum.

Tarara-tarara! Mesdames! Messieurs! Attendez, s´il vous plaît! Voyez, s´il vous plaît! Reconnaissez-vous cet oiseau? Non?... Pas vraiment? Quel dommage!

Das imposante Bauwerk des Trocadéro ragte beinahe zu seinen Füßen und auf der Brücke spazierten wie üblich die Menschen lockeren Schrittes. Das Karussell drehte sich. Nichts Einfaches als die Brücke zu verlassen.

„Beruhigen Sie sich! Ich bitte Sie! Je vous en prie, Monsieur, je vous en prie! Calmez-vous, s´il vous plaît! Asseyez-vous … Mon Dieu, asseyez-vous enfin!"

Als wenn auch das nicht genügte! Nein, es war nicht genug, gar nichts war genug. Alles war im Überfluss. Alles floss über die Ränder und überflutete die Sinne.

I

Heba, das Mädchen aus Kairo

Mein nächtlicher Flug. Meine Kopfschmerzen, dann das Mädchen mit den dunklen Haaren, immer wieder. Ihr Blick. Ihr Lächeln. Das ständige Rattern der Motoren. Meine Ermüdung. Die Zeitungen, die ununterbrochen rascheln, gegeneinander schlagen wie eingefangene Vögel in einer zu engen Voliere. Die übermäßige Freundlichkeit der Besatzung, die jedem Europäer unverständlich bleiben muss. Ihre vollkommene Ergebenheit. Meine erneute Ermüdung, und die bekannten Stimmen, die man nicht mehr ertragen kann. Hinter mir wird ein Vorhang zugeschoben. Inzwischen ging das Mädchen an mir vorbei. Die Berührung. Ein Versehen... Ihre Entschuldigung. Meine Wohnung, die nicht mehr auszuhalten ist, trotz der Sicht. Die Stimmen und die Vibrationen der Maschine. Der ununterbrochene Strom menschlicher Stimmen, mitten in der Nacht. Endlich Stille, und in dieser Stille merke ich erst, wie mein Kopf geradezu zu platzen droht. Dann erscheint eine Stadt im Dunkeln. Das Blinken der Lampen auf den Außentragflächen. Das Träumen der Menschen in ihrem schweren fremden Schlaf. Die Wolken, hie und da gelbe Lichter, weit am Horizont wie kristallene Schmuckgirlanden. Das Meer und die Häfen, ganz im Golden unter uns, die Stadt, deren Glanz sich in der Ferne verliert. Die beinahe betrunkenen Passagiere. Ihre allzu argen Witze, in denen sie sich entblößen, ihre weit geöffneten Münder und schlechten Zähne. Ihre milchigen Fischaugen. Schließlich wieder eine Stadt, aufleuchtend wie ein Stern und das Mädchen bei mir, ihr Lächeln. „Orange juice?“, „Water?“... Mein Verlorensein. Ihr Blick. Mein Kopfnicken. Ich bekomme „Orange juice“. Ihre Augen, die man nie vergisst... Mein Blick zum Fenster. Ein langes glühendes Ufer. Dann nach und nach die Finsternis, die alles in sich aufnimmt, stumm und ohne Widerspruch. Der Flug mit gleichmäßig arbeitenden Motoren, und irgendwo in der Ferne Lichter, nicht zu unterscheiden vom Sonnenaufgang, der noch kommt. Leichte Vibrationen. Der tiefe Schlaf der Passagiere. Plötzlich unter uns ein Licht, golden, mitten in der Tiefe, und wenn man die Augen schließt, dieselbe Dunkelheit wie im Traum, ohne Fortsetzung. Dann wieder ein Licht und die Erkenntnis der Bewegung. Das ansetzende andere Ufer. Ein Spinnennetz von quadratischen Lichtfeldern. Die Landung. Das Lächeln der Stewardess. Man muss einen Abstand einhalten zu Erinnerungen. Wenn sie zu früh aufkommen, zersetzen sie die noch ungetane Wirklichkeit.

*

Ich will nichts verlieren. Ich gab mein Zimmer in Paris auf, das Hotel, seine zu enge Wendeltreppe und die Kakerlaken, die beim Gesichtwaschen aus dem polierten Waschbecken in Scharen herausdrangen, die schlechten Melonen, die überreifen Ananasfrüchte, die dürftigen Croissants und den stets zu starken Kaffee, der meinen Magen in einen vollkommenen gesundheitlichen Ruin trieb, da der Wirt kein Deutsch sprach, obwohl das Hotel den Namen eines deutschen Kaisers feierlich trug, aus mir bis heute nicht näher bekannten Gründen und das obwohl in der Hotelreklame die Fremdsprachenkenntnisse des Personals gepriesen wurden. – Nichts davon, und die Konversation erschöpfte sich nach dem ersten Satz in einem erzwungenen Lächeln, welches trügt. Das Blatt, das mir der Hotelier vor meiner Abreise auf das Bett legen ließ, bestand aus nur einem Satz, der wohl mithilfe aller Bekannten in der Haussmannschen Häuserzeile zurechtgezimmert gewesen sein muss. Ich warf es in der nächsten Metrostation in den Müll, um keine unnötigen Telefonate mit stummem Hintergrund im Hörer herausfordern zu lassen. Meine Arbeit in einer der Redaktionen am linken Seineufer verzerrte die letzten übrig gebliebenen Monate meines Lebens vor der Urgence, trotz der schönen Sicht auf den herbstlichen Jardin und des immerhin kalten Panthéons, vielleicht allzu kalten. Dann das Aufwachen im Hôtel-Dieu und meine Erinnerung an die verbotene Frucht, deren Genuss mich an die unsichtbare Grenze erinnerte, die mich vom Hades trennt.

*

Es kann sein, dass sich die Erinnerungen erst zu einem Gebilde im Gehirn stauen, sich dort einnisten müssen, um in den nächtlichen Stunden langsam wieder in die Adern durch das müde gewordene Gewebe tagtäglicher Monotonie durchzusickern. Niemand kann das Gegenteil beweisen. Zu früh aufgerufen, zerstreuen sie sich in alle Richtungen wie aufgeschreckte Tauben und verlieren ihren Sinn und scheinbar wohlgeordnete Ordnung, die nichts besagt außer sich selbst. Man findet schon den Weg durch den dunklen Flur, den man kennt. Doch wehe, man wacht auf der Urgence auf. Man wird betastet und abgeklopft wie ein blank polierter Eichensarg, der nur *einer* Bestimmung harrt. Man bekommt nichts zu spüren. Man liegt wie eine Puppe nach der Aufführung und weiß nicht, wer die Fäden in der Hand hält, oder noch schlimmer, ob sie überhaupt noch jemand hält. Dann fällt man tief in einen Graben, aus dem man nur deswegen zurück kann, weil der Arzt die Abteilungen verwechselte. Mich verwechselte man wie eine ambulante Aufnahmestation, die nicht zu meinem Rayon gehört. Mich würfelte man und ich zeigte keine Sechs. Mein Chefredakteur gönnte mir einen Urlaub. Der einzige Mensch, den ich als normal empfand, was auch immer unter dieser Bezeichnung zu verstehen ist, was auch immer. Er leitete seine Redaktion mit der Hand eines Malers, der statt eines Pinsels einen Elektrostab hält. Seine Intelligenz und die Fähigkeit, alle zu manipulieren, mit Zustimmung und gegen deren Willen, versetzte mich stets in ein Staunen, dem ich mit Schweigen begegnete. Oft im Büro sitzend, beobachtete ich die Tauben und hörte hin und wieder Kinderschreie unten beim Eingang zum Jardin. Eines Tages verschlug es mich in das alte Hôtel-Dieu. Ich ging durch den bunten Innengarten, der die Sinne unnötig betäubt, und gelang schließlich wieder in einen Flur, in dem an den Wänden metallene kleine Wagen standen, auf welchen das restliche Essen lag, das stets zu kalt und unerträglich ist. Der Flur führe mich über die Treppen bis in die oberste Etage und schließlich auf das Terrasse ähnliche Dach. Ich sah hinüber in die Richtung, wo sich etwa mein Büro befinden müsste. Dann ging ich in eine Kapelle und begriff den Sinn dieser vollkommenen Fassade.

*

Nach meiner Ankunft legte ich mich sogleich ins Bett des exquisiten Hotels. Ich schlief lange. Meine Erinnerungen verflossen zusammen wie bunte Punkte auf einem Kreisel, der

noch

mitten

im Drehen

plötzlich

umgeworfen

wird.

Erst das andauernde Klopfen an die Tür drang zu mir durch das Dickicht der Synapsen durch und riss mich, verschwitzt wie ich war, vom Bett. Meine Gedanken flogen mit einem Male auf wie Daunen, die man einmal heimlich doch aus dem Kopfkissen in die Hand genommen zu beobachten sucht, als im selben Moment die Schlafzimmertür aufgeht und sich der Luftstrom des geöffneten Fensters mit dem der anderen Seite verbindet. Und auf einmal sitzt man da, mit leeren Händen und einem Gesicht voller Feder. Und es ist so, dass man nicht weiß, was angebracht erscheint – Lachen oder Weinen.

Mein Koffer wurde hochgebracht. Draußen summten in der abendlichen lauen Luft die Klimaanlagen der Zimmer wie tausende unsichtbare Zikaden.

Ich sah mich im Spiegel an. Unter meinen Augen verliefen wie Einkerbungen beinahe in die Haut eingeschnittene Furchen. Ich war müde. Dieses einfache Gefühl ließ mich spüren, dass ich noch am Leben bin und nicht träume. Seltsamerweise war ich im Traum nie müde. Erst jetzt fiel mir diese Tatsache auf. Ja, ich konnte die Wirklichkeiten verwechseln, aber müde war ich eigentlich nicht, oft erschrocken, aber ich lag im Traum nie im Bett matt vor Müdigkeit, denn sonst müsste ich einschlafen, und dann wäre der Weg zurück unbeschreiblich lange. Man müsste mich wecken, um den Traum fortzusetzen, der nicht wahr sein kann, der aber dennoch wahr genug ist, um allen anderen die Sicherheit zu geben, dass das Wecken noch einen Sinn ergibt. Wie aber, wenn ich aus dem Traum im Traum nicht geweckt würde? Wäre dann mein Verlassen der alten Lutetia in einer anderen Wirklichkeit überhaupt noch relevant? Auf einmal hatte ich Angst vor Einschlafen. Mich hielt zwar nichts davor zurück, doch die Tatsache, durch eigene Bewegungen nichts erreichen zu können und dass gerade diese Bewegungen höchst irrelevant sein könnten, da mein früheres Bewusstsein vollkommen ausgelöscht worden wäre, dies brachte mich in einen Zustand, den ich nur von meinem Büro her kannte. Hier wie dort ging ich also schließlich auf die Straße, und dies war es, was mich vollkommen in den Bann afrikanischer Nächte werfen ließ. Nichts mehr war wie früher. Alle Fäden aufgezwungener Gewohnheiten rissen

– mit einem Mal.

Ich ging durch die in Musik und ständigem Zurufen pulsierenden Straßen. Die bunten Basare blendeten das müde Auge mit ihren goldenen und türkisfarbenen, rubinroten und silbern schimmernden Tüchern, mit kleinen Alabastergottheiten, die in die Hand gedrückt das Glück, noch mehr Glück, ein wahres Glück bringen sollten. Schließlich gelang ich an einen Platz, und mich an eine Palme setzend, schloss ich die ermüdeten brennenden Augen. Doch beinahe im gleichen Moment erhallte eine Musik im Rhythmus des verführerischen Raqs Sharqi, dem alle Sinne erliegen und sich der Nacht in ihrer vom Meer her aufziehenden Brise grenzenlos anvertrauen. Es schien als zerschlügen leere Kammern in meinem Kopf, der Reihe nach, eine nach der anderen…

Ich sah sie plötzlich. Sie schaute mich an. Ihr schwarzes Haar. Sie stand da und lächelte, blühte mit einem Male auf wie die Wüste nach dem Regen, die den Tod nährt. Einer seltsamen tropischen Pflanze inmitten karger Landschaft, die sie hasst, wie alles andere in der Stadt auch, glich sie. Ich hörte sie in der schrecklichen Stille, die sich um sie in dem heruntergekommenen Viertel bildete. Ich sah ihre Bewegungen in der bewegungslosen Starre der Hitze…

Die Luft war lau und für diese Jahreszeit erstaunlich mild. Ich dachte eine Weile an Paris und die beinahe endlose Rue Saint-Jacques, an die Strøget und ließ die Zeit, die auch ohne uns vergeht, gemächlich verrinnen. Zum ersten Mal seit einem Jahr empfand ich keine Eile mehr, keine. Niemand forderte mich hier dazu auf aufzustehen und niemand zeigte meine Untätigkeit bei dem hochverdienten und mit Orden behängten Ortsvorsteher der Gemeinde an. Ich dachte an gar nichts. Ein Strom vager Ahnung floss durch mich durch und blieb nicht stehen. Es war, als bewege ich mich im hohen Schilf. Ich fasse es an und es geht an mir vorbei, es umgibt mich von allen Seiten und ich bin ein Teil davon. Wenn ich nur bedenke, wie schnell die Tage hier vor sich gehen, und ehe ich diese Zeile zu Ende bringe, die Welt weitere hundert Jahre von mir entfernt sein wird. Es ist vielleicht nur wichtig zu sagen, was ich gesehen habe, sonst zählt nichts, außer *ihr*, die ich nie vergesse.

*

Es waren Tage, an denen ich mich im Sand der Zeit vollkommen verlor. Ich sah es, das Tal, in dem sie ruhen. Ruhen?... Och, wie fremd ihnen dieses Wort sein müsste, seit jener Zeit, da man sie hinaushob. Sie sorgten für die andere Welt allzu gut, oh ja, doch diese vernachlässigten sie allzu sehr. Wussten sie es?... Die Schale hielt Gleichgewicht und so waren sie gerettet, vorerst. Die Ammit saß da und konnte nichts ausrichten, es war auch diesmal nicht ihre Zeit. Doch dieselbe Schale zeigte nicht, was außerhalb der Jaru-Felder passierte. Vielleicht sind noch die Felder der Dattelpalmen am Nil die gleichen wie damals, wo sich der weiß gekleidete Mann mit sonnengebräuntem Gesicht über seine Erde neigt? Vielleicht hebt das Mädchen das Lamm wie einst? Treibt der Junge seine Schafe am Nil, in der Mittagshitze, tut er es wie einst? Wie aber, wenn das Gleichgewicht tröge? Oh ja, ich sehe es sehr wohl. Ich fuhr los, bevor die Sonne den Mittag erreichte. Ich fuhr, und ich schob meine Abreise immer weiter hinaus. Ich meldete mich im Hotel an, ohne einen Abreisetermin anzugeben. Ja, es war möglich. Es ist alles möglich, und alles ist so, wie es gerade kommt, nicht anders. Niemand will etwas erreichen, niemand beeilt sich. Der Übergang wird sachte sein, es gibt keinen Grund zur Eile. Hier eilt niemand. Die Sonne geht ihren Weg ungestört in den Westen und bringt den blendenden Sand unter den Füßen beinahe zum Glühen. Niemand wagt aus den niedrigen weißfarbenen und nur mit Palmenblättern oder mit lehmigem Dach scheinbar provisorisch bedeckten Häusern hinaus; und nur manchmal sitzt eine kleine Gruppe hinüber zum Tal schauender Greise auf den aus Bambus geflochtenen Stühlen, welche jede Nacht der Wüstenwind mit weißem Staub bedeckt, als stünde all dies inmitten eines nie enden wollenden, Jahrtausende lang andauernden Baus. Und vielleicht ist es auch so, doch alle Vermutungen scheitern angesichts der sengenden Sonne, welche den Körper eines Fremden erbarmungslos scheitern lässt. Doch ich lernte es, damit fertig zu werden. Mein Blut, das den Kopf nie richtig erhitzen lässt, tat auch diesmal seine Arbeit. Ich sah, wie die Menschen, von ihrer Kraft verlassen, nichts anderes tun, als in Eile gerade das aufzugeben, wofür sie noch gestern den höchsten Preis bezahlt hätten. Doch heute lassen sie ihre goldnen Münzen geradezu nachlässig aus der Hand rollen wie Kinder, welche eine Hand voll von nur mit Mühe gesammelten Muscheln plötzlich fallen lassen... Dabei war es nur der Anfang. Gott, warum tut man immer so, als wäre man gerade dabei fortzugehen. – Wohin denn aber nur? Wohin bei Gott?! Wohin?... Und so ohne Entzückung und Teilnahme, und nicht einmal mit herabgelassenen Händen und gesenkten Hauptes. Denn dies könnte man gänzlich falsch als Müdigkeit auslegen. Wer gäbe aber sich die Mühe, das Gegenteil nachzuweisen, wenn schon alle wieder einem neuen Treiben frohlocken, das sie wie ein Schraubstock hält, was auch immer sie täten?

*

Ich musste an die Tage denken, da *sie* noch da gewesen war… Danach wurde alles anders. – Die Stadt mit ihren leeren Trottoiren, die meine Schritte wie gierige, ausgehungerte Raubtiere angriffen, die ständigen mir zugewandten Blicke der blassen Straßenlaternen, die nachts teilnahmslos vor sich glommen. Ich ging ohne ihren Schutz. Ohne den mich sachte umhüllenden Blick ihrer dunklen Augen, die mich ganz zu fassen vermochten, ehe ich ein Wort auszusprechen im Stande war, ohne den Blick, der über ihre langen schwarzen Haare strich, die in der Nachmittagssonne kastanienbraun schimmerten, wenn sie gerade in den herbstlichen Garten schaute und doch genau wusste, dass ich nur sie, immer nur sie vor mir haben möchte. Ich stand vor dem Spiegel und schaute meine Hände an, die zitterten, scheinbar grundlos, die Hände, die vergehen und fallen teilnahmslos, sie nicht mehr fühlen, ihre dünnen seidenen Finger… Wir saßen am Küchentisch, am weißen Tisch. Sie legte ihre Hände vor sich, ich tat dasselbe. Es war die Stille, in der wir ineinander aufgingen. Ich dachte, wie es wohl sein würde, alt zu werden…doch der Mensch stirbt langsam und man gönnt ihm keine Ruhe, über seine gerade an ihm vorüber verrinnende Zeit nachzudenken, die er nicht mehr anhalten kann und nie konnte.

*

SIE. „Schau nur, wir haben für dich ein schönes Jackett ausgeliehen! (*Er dreht seinen müden Kopf langsam nach rechts, den beinahe erstarrten Blick von der Wand wie ein daran angeklebtes Stück Papier geradezu gewaltsam abreißend.)* Jetzt setzt dich und zieh das weiße Hemd vorsichtig über den Kopf, wir wollen doch nicht, dass die Knöpfe gleich abgehen … Alles ist ganz neu ... Riechst du es noch? *(Sie riecht am Hemd, taucht darin das ganze Gesicht ein und verweilt so einen Augenblick, den sie regelrecht zelebriert. Dann schaut sie wieder auf. Sie stülpt ihm das Hemd über den Kopf.)* Es riecht gut, musst zugeben… *(Sie geht an die Tür, schaut sich dann um.)* Jetzt leg dich endlich."

ER. *(Bereits liegend. Blass mit zitternden Händen. Immer wieder ballt er die Fäuste zusammen, dann spreizt er wieder die Finger, um damit schließlich das Bettlaken gleichsam zu einem Golfball zusammenzurollen und es nicht mehr aus den Händen loszulassen. Dann.)* „Bei Gott, lasst mich in Ruhe sterben! Wenigstens das, nur das, das Einzige! Tut es für mich. Nichts machen, nichts holen, nichts fragen! Einfach sterben lass…!" *(Er verstummt, verbiegt seinen Rücken nach rückwärts wie einen Bogen und verbleibt so eine Weile, dann fällt er bewusstlos auf das gestärkte wohlriechende Betttuch und stirbt, indes sie in den Ofen Holz nachlegt.)*

SIE. *(Immer noch am Ofen, ihm den Rücken gekehrt)* "Sei doch nicht so empfindlich! *(Sie nimmt aus der Kredenz zwei Weingläser.)* Wieso bist du so gereizt auf einmal? *(Sie stellt die Gläser neben das Kreuz, dieses und die Bibel schiebt sie ein wenig zur Seite. Unter der Bibel heraus ragt ein weißer Briefumschlag hervor.)* Morgen wirst du sowieso nichts mehr fühlen… Wir ziehen doch alles wieder aus… *(Sie glättet die Tischdecke, dann verlässt sie das Zimmer, geht in die Küche und wirft noch einen schnellen Blick zu ihm hinüber.)* Pass auf die Ärmel auf, sie sind frisch gebügelt!" *(Die Tür schließt sich hinter ihr. Indes ertönt an der Tür die Klingel. Verwundert schaut sie auf die Wanduhr. Dann ihre schnellen Schritte. Die Haustür geht auf.)*

SIE. *(Konsterniert. Dann, zu sich gekommen, gereizt.)* Die Welt spielt verrückt!

*

Wie naiv war es nur, dies zu behaupten! Schneller als ich je gedacht hätte, wurde ich von Einsamkeit umhüllt. Die nächtlichen Gebete hallten im Raum wie ein entfernter Zug. Oh, man wünschte sich allzu sehr, darin zu sein, und man ist erleichtert, wenn man sich im eigenen Bett wiederfindet, eher die Phantasie zu arbeiten aufhört. Und, sie tut es nie... Zu jener Zeit fand ich das Gedicht *paysage* von Baudelaire, welches mir seitdem so nahe wurde wie selten nur etwas; es war, als würde sich spiegelnd die Landschaft aus meinem Herzen ergießen und die Verse aufstehen lassen, mitten in der Nacht. Und die Nächte sind immer zu schwer, allzu schwer und zu weit, für sich alleine im teilnahmslosen All, und für mich, immer mehr. Doch wie, wenn man jene Worte ganz in sich aufnähme, in der Ader verborgener Tiefe voll werden ließe einer Frucht gleich, die des Herbstes unermüdlich harrt, fast berstend von verborgener Erwartung, welche die ganze Sommerglut in sich aufgenommen nun sie über unsere Sinne ergösse, - wenn man es nur zuließe, für einen Augenblick, der reif geworden ist... Doch dann steht das Verlangen auf zu sein, wenn doch nichts anderes gemeint war, seit man denken kann, nichts außer das!... Gott, hätte man nur den Mut, es zuzugeben!

*

Und hier?... Hier gibt es keinen Herbst. Die Sonne schaut mit demselben Blick Tag für Tag auf die der Erde abgetrotzten lehmigen Wege herunter, die alleine deswegen den harten Belastungen des Mittags standhalten, da es in der Gegend keinen Regen gab und gibt. Und so bleiben die ermüdeten Greise wieder einmal im Schatten ihrer Häuser sitzen, aus welchen verrostete Drähte vom Dach in den türkisblauen Himmel ragen, als wenn sie vor Blitz schützen sollten. Wer *es* nicht weiß, begeht mit jedem Schritt Fehler, die ihn beim ersten Gespräch um seine letzte Würde bringen.

*

Ich wollte keinen Fehler begehen, und ich tat es, geradezu wo man geht und steht, da und hier. Jetzt ist sie nicht mehr da und ich werde die Tage nicht mehr zurückbringen können, niemals. Wie ist es, mit einem Gewissen zu leben, das man nur hat, weil die anderen es behaupten. Ich wollte von neuem anfangen und hielt es für unmöglich. Unmöglich war, wenn ich aufstand und schlafen ging. Ich schrie nachts auf, wurde wach mit einem trockenen Mund und wusste nicht, wo ich mich befand, dann schlief ich wieder ein. Ich wachte mehrere Nächte nacheinander immer wieder verschwitzt auf und sah auf meinem Gesicht den blassen Mondschein über dem dunklen Horizont. Ich kann mich sehr genau an den Tag erinnern, da ich aufwachte, vor Schreck, nach einem Albtraum. Ich lag, drehte meinen Kopf nach rechts und sah, wie aus einer Höhle, welche das Kissen bildete, dünne behaarte Beine einer Spinne herauskamen, langsam, doch mit unruhigen Bewegungen, dann der schwarze Thorax. Ich schrak auf, ich sprang auf den Bettrand und beobachtete sie. Draußen hörte ich Kinder aus dem Kindergarten am Haus vorübergehen. Sie sangen ein Kinderlied.

*

Ich habe Angst einzuschlafen, aber es geht schon besser. Nachts höre ich die Menschen auf der Straße und Musik in der Ferne. Auffallend ist es nur das ausbleibende Hundebellen. Ich sah abgemagerte Hunde am Straßenrand herumlaufen, zwischen dem glühenden Asphalt und der Wüste, die immer schneller zu glühen begann. Sie müssen wohl von der nahe gelegenen Beduinensiedlung gekommen sein. Sie sind überall, laufen in Scharen oder sitzen am frühen Morgen vor den Städten im Staub vorbeifahrender Laster. Niemand kümmert sich um sie. Sie wühlen in den verwesenden Abfalldeponien, die an den Raststätten anwachsen und einen Gestank der städtischen Nähe verraten. Ich fuhr also in die Großstadt. Ich versprach mir eine Luftänderung, und – ich wurde nicht enttäuscht. Die Sonne fing langsam an, den morgendlichen Nebel wie in einem wellenden Tanz aufzuheben. Hie und da schienen gleichsam wie kleine orangen- und silberfarbene Lagunen unter den Strahlen des verschmähten Aton aufzutauchen. Doch je mehr die Sonne aufstieg, umso offensichtlicher wurde, dass es keine waren. Unter dem Vorhang heraus, der sich jetzt in immer schneller werdendem Tempo gen Himmel hob, kamen nach und nach Ansammlungen von allerlei Rest und glitzerndem Unrat, das einst die Sinne trug, zum Vorschein. Es erschienen Tümpel, die in kürzester Zeit eine Metamorphose durchgingen, welche sie aus elysischen Tränken Gift sprühendes tödliches Abfallgemisch werden ließ. Jetzt waren es nur die Hunde, die ihre mageren Körper immer noch behielten. Sie wühlten darin, saßen und verrichteten ihre Notdurft darauf. Dann liefen sie allesamt über die braunen Halden an den Straßenrand, wo gerade mit Schutt voll beladene Transporter vorüber fuhren, um auch wieder in dem sich gerade erhebenden Nebel von Staub und Asche zu verschwinden.

Wie viele Tage muss man hier verbracht haben, um es nicht mehr zu sehen? Ich sah es. Ich sah einen Mann, der unter einer Brücke, in deren Schatten er flüchtete, mitten im unaufhörlichen Verkehrsstrom auf einem Rasen schlief, seinen Kopf noch auf einen Ziegelstein gelegt. Er schlief einen Schlaf, der ihn dem dröhnenden Kollos aus Stein und Staub, allem zum Trotz, dennoch zu entreißen vermochte. Indes schenkte ihm die Menge, welche einem Bienenschwarm gleich die Straßen um die Brücke umwob, nicht die geringste Aufmerksamkeit. Dessen ungeachtet schien es aber so, als drehte sich doch umso offensichtlicher alles um ihn. Mag sein, dass ich es falsch einschätzte, und – dennoch wird es nach seinem Aufwachen nicht anders, als dass er zur Mitte dieses bunten Universums wird, wenn auch nur einen Augenblick lang, um sich dann irgendwo an der Ecke unter dem Glanz der ausgelegten Waren in einer der unzähligen Hinterkammern zu verlieren. Niemand weiß, wohin all die Wege führen. Man hört unaufhörlich die Lobpreisungen, die sich über die bunten engen Gassen ergießen und am Abend einen Ruf über der Stadt, der in alle Ecken eindringend die Herzen pochen lässt. Dann ging ich an das mit Schilf bewachsene Ufer, auch hier wurde ich nicht enttäuscht. Weiß und stolz saß er da. Mit seinem Blick, der über die scharfen Blätterspitzen der im Wasser verankerten Pflanzen glitt, fand er mich sogleich, so wie ich war, unvorbereitet und voller aufgetürmter Bilder, die in mir den ganzen Tag über anwuchsen. Erst am späten Abend kam ich in meine Stube zurück. Ich wurde bis an die Häusermauer gefahren, dann stand ich vor meinem Domizil.

Über einen Graben, in dem etwas Wasserähnliches floss, ging ich einen staubig weißen Weg, als sie erschien. Sie einmal verloren zu haben, war über meine Kräfte. Und nun, Gott, wie war es möglich? Wie war es um alle Welt das denn nur möglich? Wie denn nur? Sie ging gerade auf mich zu, den Blick in die sonnengebrannte Erde gerichtet, mit schnellen entschlossenen Schritten, als wenn sie, gerade sie, es eilig hätte. Wohin denn nur? Indes verzog sich der

Himmel ein wenig und es kam, dass gar der Wind über die leeren Straßen zog und mit sich eine Welle von Staub und Müll riss. Dann ihr Blick. Ihre dunklen Augen. Ihr Tuch, das in glühendem Rot und Schwarz ihr Mädchenkopf einer Korallenschlange gleich umwob und sich sachte im kaum spürbaren Windhauch auf ihren rechten Arm legte, welchen eine schwarze Kleidung sanft bedeckte. Ihr Lächeln, das ich nie vergesse, dem ich standhielt, wie einst. Ihre kaum merkbare Verlegenheit, die ihre glühenden, Sonnenstrahlen spiegelnden Lippen an dem einen Mundwinkel sachte nach unten ziehen ließ. Sie hielt in ihren blassen Mädchenhänden ein silbernes Gefäß, das mir vor der dunklen Kleidung wie ein leuchtender Stern vorkam. Ich schloss die Augen, legte meine glühenden Hände aufs Gesicht und drückte so fest ich konnte die Lider zu, dann spürte ich nur noch einen leichten Luftstrom um mich und eine steigende Hitze im Kopf. Ich hatte Angst vor meiner Rückkehr. Als ich die Augen wieder öffnete, stand sie bereits auf der anderen Seite der Brücke, mit demselben Lächeln. Sie stand da und wir schauten einander an, ich weiß nicht wie lange. Ich wünschte, es würde eine Ewigkeit dauern, in der ich mich vollkommen verlieren könnte, wunschlos. Die Zeit, die bis dahin vergangen war, hörte mit einem Male auf zu existieren. Ich will nichts beweisen. Wozu denn auch? Dass ich sie sah? Sah ich sie denn überhaupt? Ich stand am selben Abend lange auf dem Balkon, der einen weiten Blick über die ganze mit Dattelpalmen bewachsene Ebene bot. Vor mir in der Ferne des Westens ragten die alten Pyramiden über der Stadt. Ich schwitzte immer noch und mein Herz pochte. Ich schaute nach links Richtung Brücke. Es fuhr nur noch ein von einem grauen Esel gezogener zweirädriger Wagen, auf dem ein Mädchen wahrscheinlich mit seiner Mutter saßen und verschiedene Schüssel aus Blech oder geflochten darauf aufgestapelt hatten, dann ein Motorrad mit einem kleinen roten Anhänger, voll beladen mit bunten roten Teppichen, dem eine in der Nähe sich gerade versammelnde Gruppe von Kindern zu winken begann. Bald standen und saßen sie an der weißen langen Mauer, welche die Straße von dem für eine neue Bebauung zur Verfügung gestellten Platz trennte. Der Boden war schmutzig und erinnerte mich an eine Region, in die ich mich in Paris einst vorwagte, nur einmal. Ja, es war mir widerlich, den dort verbreiteten und ständigen Geruch vom Fleisch einzuatmen, das in den Läden mit kleinen nischeartigen Fenstern zum Verkauf ausgelegt war. Ich tat, als bewundere ich die Ware, doch auf einmal wurde mir schlecht. Indes versprach ich grüßend, denn anders geht es bei diesen kleinen Krämern nicht, zurückzukommen. Da ich an dem Tag kaum etwas zu mir nahm, bot sich eine kurze Unterhaltung mit einem in der Nähe seine Früchte preisenden Händler an. Ich entschied mich für eine reife gelbe Ananas. Schwer von Saft versprach sie einen paradiesischen Genuss. Ich schnitt sie in Scheiben, deren säuerlich-süßer Duft meine Sinne beinahe berauschte. Der Saft verteilte sich über das Schneidebrett und tröpfelte auf den Boden. Ich aß von der beinahe überreifen Frucht und es war das Einzige, was mich noch in der Wohnung, trotz der Sicht zum Jardin, hielt. Doch bald darauf wurde ich krank, bekam ein starkes Fieber und musste in die städtische Urgence an der Seine. Die abgestatteten Besuche meiner Concierge, die mich bewusstlos neben meinem Bett desselben Abends vorgefunden habe, erhielten die letzte Hoffnung auf eine menschliche Behandlung aufrecht.

*

Ich will meine letzte Zeit hier verbringen und ihr Gesicht verliert sich nicht im Nebel, nicht wie dies der Klara Milič. Ich habe Angst vor der Totenstadt. Ich sah sie. Stumm in der Nachmittagssonne stand sie da wie ein präparierter Fisch in einer Formaldehydmischung biologischen Labors. Ohne Glockengeläut, ohne Kinder und Waschfrauen am Ufer, ohne Bouquinisten mit ihren ausgelegten antiken Ansichtskarten. Gut, ich beschreibe sie, wenn es nur das hülfe, mein Gott, dabei scheint es mir, ich hätte es längst getan.

Ich sah sie nur flüchtig, doch der Blick reichte für ein ganzes Leben aus, das man damit verbringen müsste, ihre Leere, ihre blinde Hohlheit, die aus den Fensternischen unaufhörlich gähnt, in unfertige Worte zu fassen. Die Nachmittagssonne schien also über den ziegelfarbenen Gerüsten und ihre Strahlen verirrten sich immer wieder in die Nischen, welche der Schatten bewohnt. Doch sie hielten dort nicht lange aus und draußen brannte die bis zur Unerträglichkeit aufgeheizte Mittagsluft, welche sich mit dem allgegenwärtigen Staub mischte und einen nebligen Schwaden entstehen ließ, Tag für Tag, über der immer grauer werdenden Steinmasse der Behausungen, die einst dem nahe gelegenen sandigen Muqattam abgetrotzt wurden und welcher nun seinen Tribut zurückfordert. Die alten, fast verwitterten gelben, weißen und grünen Kuppeln ragten nur über den mit Grau zusammenfließenden einst roten, orangefarbenen und weißen Häuserfassaden, die sich in dem einsamen Tal verlieren. Hie und da sah man kleine Büschel, einsame grüne Inseln unter dem verwitternden Gestein, der nach vierzig Tagen jeden Menschen in sich vollkommen und endgültig schließt, ohne zu urteilen. Ich bin nicht dazu da zu richten. Ich schaue und schreibe auf, was den anderen durch die Finger rinnt wie ein Sand. Ja, sie belieben es, damit zu spielen, verirren sich darin und ihre Zunge spricht Worte, die nicht mehr ihnen gehören, da schon längst gesagt wurde, was nicht zu wiederholen nötig ist. Aber sie erkennen nichts und wieder nichts und tun um sich einen Lärm, der die Dinge verscheucht. Sie stellen ihre Schritte unvorsichtig und man hört jede Stufe unter ihren ungeduldigen Füßen knarren, die ständig in Eile sind und sich wie Kinder verraten, ohne es zu wissen, bei jedem Schritt und wenn sie dann die Stube betreten, so tun sie, als hätten sie sich verirrt. Sie lächeln und sind bereits im Begriff wegzugehen. Ihr Fortgehen ist ihr Schicksal, das sie bis zur Unkenntlichkeit verzerrt. Ihr Blut kennt sie nicht mehr und sie sind fremd im eigenen Körper, den sie wie einen ausgeliehenen Regenmantel im Urlaub tragen, in dem die Sonne nur auf einer Postkarte erscheint, die immer trügt.

*

Die Stadt wurde jeden Tag größer. Zur Mittagszeit wuchs sie an wie ein Geschwür, dessen Metastasen bereits überall hinreichten und am frühen Abend versammelten sich auf kleinen grünen Inseln zwischen zwei Hauptarterien der Metropole ganze Familien. Sie saßen da, gleichsam vom Lärm der Maschinen betäubt, gezähmt und in ihrer Entschlossenheit verloren. Sie lebten einen Traum, aus dem sie ausgestoßen wurden und an dessen Rande sie ihm nur zuschauten. Sie waren Spiegel von Ereignissen, die ohne sie nicht denkbar wären und doch vor sich gingen. Die Welt war da, ohne sie unmöglich und mit ihnen an sich selbst überlastet. Und dennoch sah ich in ihnen Schicksale, die sich erfüllten und die jenen, in Hast begriffenen, verwehrt wurden.

Ich stand auf meinem Balkon und dachte an sie. Wie, wenn sie auf einmal da wäre? – Nicht einmal ein Zug in der Ferne. – Kein Glockengeläut. Ich schloss die Augen. Es klopfte an der Tür. Als ich dran kam, lag ein Brief an der Türschwelle. Ein Brief. Ich hob ihn auf, ging schnell ans Fenster und sah jemanden um die Ecke biegen. Die kleine Straße war eng und lag an einem

Graben, der an ein Flussbett vage erinnerte. Hier erinnert alles an etwas anderes und ist doch immer nur noch dasselbe, nichts anderes.

*

Ich hatte einen Traum. Seit ich hier bin, träume ich oft. Ich träume nicht von ihr, seltsam, dabei müsste ich es, dabei möchte ich es, doch es will nicht kommen. Ich träume, was mich erschrickt. Ich träume und leide dann tagelang. Ich vergesse mich oft in den Gassen, in die weiter zu gehen ich mich ängstige. Ich sehe Männer auf Steinen oder auf staubigem Boden sitzen, die mich im Auge behalten, ununterbrochen beobachten. Die ganze Zeile beobachtet mich mit einem Mal. Man will etwas von mir, dauernd, und wenn ich fortgehe, ohne nichts, höre ich Schreie hinter mir. Ich habe Angst wegzugehen, alleine. Ich bleibe also abends oft im Bett liegen, dann schlafe ich ein. Meine Träume wiederholen sich oder eher mein Zustand darin scheint sich zu wiederholen. In Paris dauerte es immer einige Stunden, bis ich einschlief, hier falle ich, sobald ich meine Augen schließe, sogleich in eine Tiefe. Ich lande in dunklen Höhlen, sitze in einem Kahn und fahre immer wieder auf einer Art unterirdischen Sees, der ein Licht widerzuspiegeln scheint. Ich sehe die ganze Zeit über nur einen Schatten meines Fährmanns vor mir sitzen. In einem dunklen langen Gewand sitzt er da, und doch bin ich mir nach dem Aufwachen nie sicher, ob es überhaupt einen Fährmann gab oder ob ich es war, der ich den Kahn lenkte. Der See spiegelt also ein Licht wider. Nah am Ufer sehe ich Menschen, die halb nackt, denn bis zur Hälfte sind sie im Wasser getaucht, ihre Hände zu einer lichten Frauengestalt hinstrecken, die sanftmütig lächelt. Doch es scheint, als könnten sie den Widerstand des Wassers nicht durchbrechen und zu ihr ans Ufer gelangen, sosehr sie sich auch bemühen. Sie scheint auf einer Art Piedestal oder Erhöhung zu stehen, ganz im Lichte. Ich werde nicht gesehen. Ich sitze in meinem Kahn und beobachte sie alle. Ich höre sie, ich fühle ihre Stimmen in mir. Ich bin da und es ist, als wäre ich hinterm Spiegelglas einer Verhörkammer. Dann wache ich auf, bleibe noch eine Zeit lang im Bett liegen und fühle mich, als wenn ich immer noch im Kahn säße und wenn ich allzu schnell aufstehe, muss ich mich an der Bettkante stützen. Alles bewegt sich, bleibt keine Sekunde stehen, mir wird über Maßen übel. Manchmal kommt mir vor, als wenn die Wände zusammenrückten, sich zusammenschlössen wie ein Akkordeon. Damit will nichts gesagt sein als die Tatsache allein, dass es so und nicht anders ist. Ich weiß, dass ich diesen Traum nie loswerde, genauso wie ich ohne sie nicht leben kann, denjenigen gleich, die tagein tagaus beinahe automatisch aufwachen, im winterlichen Dunkeln auf ihren Bus warten, dieselben Gesichter und dieselben Hände darin sehen, dieselbe Haltestelle beim Aussteigen und dieselbe Brücke überm Wasser passieren, das gerade zuzufrieren beginnt. Ihr Tag gewöhnte sich an sie und führt sie in die amorphe teilnahmslose Welt aus, in der von weitem alles aussieht, als wäre es wahr. Sie stehen vor einem großen Billboard, das Leben preist, aber nicht ihresgleichen ist. Und so ist alles, was wirklich ist, nicht wirklich und das Unwirkliche ist die einzige Wahrheit, die nicht trügt. Sie sehen sie, und das ist ihr alleiniger Halt. Ohne ihn sind sie nicht und mit ihm tun sie so, als wären sie schon längst da. Die Wirklichkeit erdrückt sie und hetzt durch ihr unwirklich-tatsächliches Leben. Ein Aufwachen müsste eine Heilung bringen, doch sie sind bereits wach und haben Angst einzuschlafen.

*

Beim Verlassen des Hotels wurde mir ein Brief ausgehändigt, in einem grauen Umschlag. Ich steckte ihn in die Tasche ohne ihn zu öffnen und ging vor das Gebäude, das von allem anderen abgeschirmt da stand wie ein Fisch, der aus dem Wasser gerade gezogen seinen Mund weit öffnet, seines Schicksals ungewiss. Ich dachte also, hier bleiben zu können, und das war auch das einzige, was mich noch am Leben hielt nach Paris. Immer wenn ich an die kurze Zeit mit ihr zurückdachte, fragte ich mich nach dem Sinn jeder meiner Bewegung. Mag sein, dass alles nach einem Plan streng abläuft und wir nur tun, als hätten wir das Steuerrad in der Hand, einem Kind gleich, das übermäßig fest die Zügel eines auf dem Karussellbrett stehenden Pferdes hält, welches sich in einem Kreise unbeweglich dreht. Man denkt nicht daran. Man steht auf und putzt die Zähne. Das Wasser umspült das Zahnfleisch und vermischt sich mit dem Elektrolyten, der uns in Bewegung hält. Man schaut in den Spiegel und merkt aus nächster Nähe, wie dünn die Grenze ist. Der Sack unseres Lebens füllt sich nach und nach mit Sand. Es wird schwerer, träge und schließlich bleibt es an der Stelle stehen, an der es das letzte Sandkörnchen wahrgenommenen Augenblicks füllt. So wird der Kapitän auf dem Schiff so lange im guten Glauben bleiben, sicher im Hafen vor Anker zu gehen, bis ihn der Sturm um diese letzte

Täuschung bringt. Gerade noch hielt er das Steuer in der Hand. Gerade tat er so, als ob sein Lachen alle Ecken seiner Stube füllte. Überall schallte es nur vor Lachen. Doch plötzlich begann der Horizont vor seinen Augen zu schwinden. Das Schiff taumelte wie ein Narr, der sein Spiel vollkommen in der Hand hält. Er schrie, doch auf einmal wurde es schwarz um ihn. Das Meer hörte auf zu tosen, und doch, als ob es aus der Ferne käme, hörte er immer noch einen Schrei, freilich vermochte er nicht mehr zu unterscheiden, ob es seine Stimme war oder jemand anders und ob es sich gar lohnt zurückzublicken. Als es endlich aufhörte, schrie jemand über ihm. Er lag in einer Notstation. Fast einen Monat bewegte er sich kaum in seinem engen Bett. Der dortige Priester kam jeden Tag. Einmal, als er gerade aufwachte, saß ein Mädchen am Bettrand. Es lächelte ihn an. Es hatte ein Rosakleid an und in den Händen seine Uhr, mit der es spielte, indem es sie wie eine Schlange zwischen den Fingern zog. Als er nach der Uhr greifen wollte, schrie jemand von der anderen Seite auf. Er schrak zusammen, drehte sich um, sah aber niemanden, dann wandte er sich wieder dem Mädchen zu, und auch dieses war verschwunden. Er schloss die Augen, legte sich und fiel auf einen harten Boden. Als er die Augen öffnete, lag er in seiner Kapitänstube und das Wasser drang unaufhörlich in den Raum. Er wollte aufstehen. Jemand fasste ihn gerade noch an der Hand und zog ihn durch eine enge Öffnung in den Maschinenraum. Im Dunkeln sah er nichts außer einem schwachen Licht in der Ferne. Alles stand unter Wasser. Dann öffnete er den Mund und fand sich mit einem Mal vor seinem Spiegel im Bad stehen. Sein Gesicht war blass. Das Wasser rieselte sein Kinn hinunter. Er nahm zu viel Wasser in den Mund. „Wie lächerlich das alles ist!“, sagte er zu sich. Er verließ das Bad und ging in die Kapitänskajüte. Als er die Augen gerade schloss, schlug etwas mit voller Wucht gegen die linke Heckseite. Er fiel vom Bett, rollte über die seltene Maserung des Bodens bis hin zur Tür. Dann riss der Film. Er lag in einer Intensivstation. An der rechten Bettseite saß ein Mädchen. Es hielt in den Händen seine Uhr, die es zwischen den Fingern geschickt wie eine Schlange zog. Plötzlich schrie jemand von der anderen Seite auf. Er drehte sich um, sah aber niemanden, wandte sich zurück dem Mädchen zu. Dieses war gerade dabei, den Saal zu verlassen. Er stand auf, wollte ihr nachlaufen, doch beim Stellen der Füße auf den Boden schien er in sich zusammenzufallen, dahin zu schmelzen, dann lag er auch schon auf dem Boden. Als er die Augen öffnete, lag er im Operationssaal. In der über ihm hängenden großen runden Lampe mit einer Reihe von Reflektoren sah er in denen, die nicht eingeschaltet waren und ihn nicht blendeten, Blut auf seinem Unterleib. Es kribbelte leicht in seinen Beinen und es fühlte sich an, als wenn man von Ferne jemanden beobachte, der an deinem Körper Experimente durchführt. Je näher man herankommt, umso spürbarer werden die Bewegungen, die man an eigenem Leibe beobachtet und es hört sich an, als wenn jemand ununterbrochen einige Würfel auf den Tisch wirft, leise und dennoch durch das Mark gehend. Schließlich lag er im Bett. Es war Herbst und die Station ging unter vom Blätterfallen. Man hörte nachts den Föhn von den Bergen gegen die Scheiben ankämpfen, hie und da öffnete sich im Flur das hölzerne Fenster. Dann schnelle Schritte der Krankenschwester in der Nacht. Man führte ihn unter die Dusche. Man beobachtete seine Beine, die in ihrer Unbeholfenheit an ein Kind erinnerten, das sich gerade in ersten Schritten versucht. Er ließ das Wasser fließen. Er saß unter der Dusche. Das Wasser war wieder aus. Durch das kleine Fenster, welches den schmalen Raum des Bades abschloss, konnte er am Tag den Ahorn beobachten, der seine Abteilung von der Chirurgie trennte. Jetzt sah er nichts als Dunkel. Nur ab und zu spürte er das Ziehen des Windes an seinen Knien. Es schien, als würde mit diesem Fenster die Welt hier ihr endgültiges Ende nehmen. Allzu gerne würde er seinen Stuhl ans Fenster schieben. Allein war sein Körper dieser Aufgabe nicht gewachsen und ihn überkam auf einmal eine Angst vor Sturz auf den nassen kalten desinfizierten Boden, der in allen Krankenhäusern gleich unmenschlich riecht. Er sah am Sockel der Dusche dunkle Flecke wie vom Blut. Man kann die Vergangenheit nicht einfach mit einem Lappen abwischen. Nichts lässt sich abwischen. Man kann höchstens tun, als wäre nichts passiert, aber es kam einst und es blieb. Als er das Bad verließ, wurde ihm schwindelig, er schloss die Augen und als er sie wieder öffnete, ging er in seine Kapitänskajüte. Es klopfte kurze Zeit darauf an seine Tür. Die Stube betrat ein kleines Mädchen, das seine Uhr in der rechten Hand hielt. Er stand auf, sie entgegenzunehmen und im selben Augenblick verspürte er einen stechenden Schmerz in der Brust, kniff die Lider heftig zusammen und als er wieder hinaufblickte, lächelte eine junge Frau ihn an, warf dann eine Münze in seinen Hut und ging, sich nochmals umgeschaut, in die Unterführung, die in die Metrostation führte. Er wollte aufstehen, ihr nachzugehen, doch er fiel geradenwegs auf die Platen vor sich wie ein Buch, das versehentlich vom Regal heruntergeworfen wird. Man half ihm hoch. Er hatte keine Beine mehr. Von der rechten Seite, wo der große verglaste Hauptbahnhof lag, kam ein Wagen. Man muss jemanden inzwischen benachrichtigt haben. Man nahm ihn mit. Er saß in seinem Rollstuhl in einem Bad. Man half ihm hoch. Er saß auf einem Hocker unter der Dusche. Als er die Augen schloss, verspürte er plötzlich, er verliere das Gleichgewicht. Er lag in seinem Bad und das Wasser in der Badewanne wurde langsam kalt. Er rief nach seiner Frau. Als sie hereinkam und ihm ein Handtuch reichte, fragte er nur: „Weißt du eigentlich, was mit meiner Armbanduhr ist?“ „Warum?“, fragte sie, „Du hast sie doch damals beim Unfall verloren. Sie war ganz zerquetscht, lag unter dem Laster. Ich ließ sie da. Kannst du dich nicht mehr daran erinnern? Du fragst mich jeden Tag danach.“ An den Wänden seines Zimmers hingen Bilder mit Schiffen. Darauf mehrmals er in einer Kapitänsuniform. Er lag eine Weile da, dann schlief er vor Ermüdung sogleich ein. Im Bett fühlte er sich wie einst. Das Bett wurde neu bezogen und die Decke hatte ein Blumenmuster. Blumen als Zierde darauf konnte er kaum ertragen. Als er wieder wach wurde, saß er auf seinem Bett. Seinen Anblick im Spiegel, der gegenüber vom Bett aufgestellt war, ertrug er nicht mehr, schloss die Augen und warf sich nach hinten auf das dünne Kissen, dabei stieß er mit dem Hinterkopf gegen die eichene Lehne und flog im selben Moment in einen dunklen Raum, in eine Art unterirdischen Sees von oben bis fast an den Wasserspiegel. Kurz davor schrie er noch auf, dann wachte er auf zur späten Mittagszeit. Er schwitzte. Auf seinem Nachttisch lagen zwei graue Briefe. Er drehte sie um. Auf beiden stand: *Heba.*

II

Jasmin

Ich schlief ganze Nächte nicht mehr ein. Es war, als öffne sich der Himmel und die Sterne mich aufnähmen. Sie schlief neben mir. Ihre Haare lagen auf dunklen Kissen, über welche die Zypressen ihre Schatten warfen. Alles schien zu pulsieren. Ich traf sie in den engen Gassen der Vorstadt. Sie schlängelten sich zwischen hohen weißen Mauern und Kreuzgängen, die vergehen. Dort wohnen die Menschen, deren Namen ich nicht mehr kenne. Niemand kennt sie. Nicht einmal die Nachbarn. Sie nicken nur mit dem Kopf und schauen in den Himmel, schauen die Tauben, die sich über dem Markplatz Tag für Tag erheben. Ich ging die engen Gassen hinunter in die Innenstadt. Das Kopfsteinpflaster nahm geduldig meine Schritte, eilte nicht, schrie nicht wie die sich verlierenden Metropolen. Eine alte Frau ging gerade aus einem dunklen Flur hinaus auf die Straße und verschwand in der gegenüberliegenden Nische einer Kapelle. Die goldumrankte schwarze Madonna hat Geduld mit allen. Die Tauben flattern hoch über dem Markt. Die Verstorbenen kennen die Sprache der Lebenden nicht mehr. Das erste Mal war ich in diesem Teil der Stadt. Obwohl ich den Ort an sich doch so gut kannte. Ich suchte nach meinen Spuren, die ich vor Jahren verlor. Ich hielt inne, schaute in den blauen Himmel. Jemand ging an mir vorbei, streifte mit der Hand meinen Arm und lächelte. Vielleicht bin ich hier zum letzten Mal, vielleicht. Die blauen Fensterscheiben spiegeln den Himmel wider, die herbstlichen Bäume, die sich an nichts erinnern wollen. Und die Blätter von damals sind schon längst fort. Wer hält die Zeit fest, in der ich mich wieder finden will. Alles vergeht… Manchmal gehe ich noch die Straße hinauf bis zum Markt, sehe alte Frauen mit Gemüse am Wegesrand, mit Äpfeln, die wie Wolken allzu rasch vergehen… Ich saß alleine auf dem Marktplatz und schaute den Berg hinab auf die alte Kathedrale. Man trug einen Sarg in die Kirche hinein beim Glockengeläute. Der blaue Himmel öffnete sich mit einem Male über allen. Ein Kind schrie. Ein Auto fuhr die Straße hinunter. Die Glocken schlugen unaufhörlich und ließen die Fensterscheiben erzittern. Wie oft als Kind spürte ich ihre Vibrationen. Manchmal schaute unsere Lehrerin beiläufig zum Fenster und machte ein Kreuzzeichen. Was war es, was ich sah, als sich der Himmel öffnete? Was war es, was die alte Frau vom Fenster sah, als sie in den Himmel blickte? Oh nein, ich kann hier nicht mehr bleiben. Ich muss fort, fort, fort. Hier wartet niemand mehr auf mich.

Ich höre Stimmen, nachts, ich kann nicht mehr schlafen... Ich sehe, wie ich mit meinem Vater im Zug fahre, mein Großvater in der Lokomotive, schaut sich um... Ich höre Stimmen, die ich nicht verstehe... Ich wende mich zur Wand, versuche vergebens einzuschlafen... Alles umsonst, alles umsonst... Sag mir, bitte, wer hat all das zu verantworten?! Wer lässt mich nicht einschlafen? Warum sehe ich immer nur dein Gesicht?! Ich höre deine Stimme? Wache auf mit deinem Namen im fremden Schrei, der mich abstößt wie ein Geschwür, als gehöre ich nicht zu ihm.

Gut!

Ich verlor mich in der fremden Stadt! Ich lief einer Frau nach, die sich schließlich umdrehte, mich anschaute. Ich blieb stehen. Sie ging näher. Schaute mir in die Augen. Nahm mich an der Hand. Wir gingen die knarrende Holztreppe einer alten Häuserzeile hoch, in der es nach Staub roch. Wir gingen in die letzte Etage, wo das verschnörkelte schwarze eiserne Geländer mit einem Schlangenkopf endete. Die hohe enge Eingangstür eröffnete einen Blick zum geräumigen Empfangszimmer, dessen weiße Decke mit einem Relief verziert war. Im Kamin loderte das Feuer und es duftete überall nach Jasmin. Wir gingen ins Bad. Die Wanne befand sich vom Rest des Raumes, der als Küche diente, mit einem Vorhang getrennt. An der gegenüber liegenden Seite öffnete das Fenster die Sicht zum Innenhof, in den die Sonne nie gelangt. Auf dem Boden neben dem Ofen lagen alte Zeitungen, Bücher in fremden Sprachen, einige Zeitungen, aus denen man Spalten ausschnitt, auf einem Tisch nebenan. Man hörte im Innenhof jemanden seine Abfälle in die Tonen werfen, dann sein Schimpfen, unverständlich, und Tauben, die vom Himmel in den Hof hinunterflogen, um vor den Ratten die Reste zu ergattern. Ich ging durch den langen dunklen Flur. Ich verlor mich. Ich war zum ersten Male völlig frei. Ich vergaß mich. Ich schaute vom Fenster auf die Straße. Jemand schob seinen alten Wagen. Plötzlich fühlte ich ihre Hände an meinem Hals. Es war, als wenn ich fiele, auf den Grund meiner Urängste. Ich fiel und stürzte in mich selbst. Die Bilder bewegten sich immer schneller vor mir, um mich schließlich in einem schwindelerregenden Tempo auf die Bühne zu werfen. Man spielte. Man spielte das Leben. Jemand trat an mich heran, fasste mich an der Hand. Es war eine Frau, ihre dunkelbraune Hautfarbe glänzte im Rampenlicht. Sie hatte ein langes rotes Kostüm an und ihre Haare zu einem Chignon kunstvoll zusammengefasst. Sie nahm mich mit. Wir setzten uns in die Sessel, die in Reihen vor der Bühne angebracht waren. Ich sah mich auf der Leinwand. Als Kind im Garten, in dem ich die meiste Zeit meines Tages verbrachte. Dann den Brunnen, aus dem ich Wasser in einem Eimer schwer hinaufzog, mit einer Kurbel. Ich saß an der Straße, die staubte. Ich weinte zum ersten Mal, als mein Großvater starb. Ich fuhr an einer Zuckerfabrik vorbei. Ich schmeckte im Mund die erste Orange, die mir so unwirklich vorkam, wie die spätere Möglichkeit, Menschen in meiner Stadt lachend zu sehen. Plötzlich verschwamm alles vor meinen Augen. Ich wusste nicht, was das zu bedeuten hatte. Die Frau fasste mich erneut an der Hand. Es war die erste Liebe. Das Mädchen, das ich nie aus der Nähe sah. Sie ging immer an dem alten Markt vorbei. Ich saß am Straßenrand und schaute ihr nach. Ich sah sie dann wieder weinend mit einem Mann, vor dem sie Angst hatte. Sie hatte Angst vor ihm, vor mir, vor sich selbst. Dann fiel der erste Schnee, an den ich mich erinnerte. Ich fühlte, wie mich meine Mutter umarmt. Ich saß alleine im Zimmer und hatte Angst. Jemand klopfte an die Tür. Es war der alte Priester. Er brachte uns Schinken und gesalzene Butter. Ich aß die Butter mit den Fingern und dachte, so muss wohl im Himmel sein. So schmeckt der Himmel selbst, nach gesalzener amerikanischer Butter. Am nächsten Tag standen wir Schlange, um Essig und Zucker zu bekommen. Ich saß am Fenster und schaute im Morgengrauen auf die Straßenlaternen. Nichts bewegte sich. Dann die Straßen mit den Panzerwagen und meine Tränen in den Augen am Tag darauf. Der Winter war lang und die Flüsse zugefroren. Die Bilder gingen immer schneller, bis ich schließlich nichts zu erkennen vermochte. Plötzlich sah ich mich auf einem Baumstamm mit meinem Vater sitzen. Dann lag ich in einem Krankensaal. Der Pater hat den Saal verwechselt. Er käme zu mir mit der letzten Salbung. Ich sagte, er müsse in den Saal daneben, doch er war fest davon überzeugt, die Zimmer nicht verwechselt zu haben. Er zeigte mir sogar ein Blatt, das er aus seiner schwarzen Taschenbibel herausnahm, auf dem tatsächlich mein Name stand. Ich legte mich wieder ins Bett. Er trat näher und fing an, in Latein und Italienisch abwechselnd zu beten. Ich verstand nicht, wieso in Italienisch. Pater noster... Ave Maria... De profundis... Prega per noi peccatori... Alles, der Reihe nach, als wenn er um die Wette liefe… Als er hinausging, stand ich auf. Niemand war indes im Flur zu sehen. Die Küchentür stand weit auf und durch den Park gingen Menschen einander eingehakt. Ich kehrte in den geräumigen weißen Saal zurück. Ich fasste die Hand der Krankenschwester, die an meinem Bett saß. Sie sagte, die Operation wäre gut verlaufen. Ich fühlte nichts außer Kälte. Als ich aufwachte, leuchtete ein Auto direkt in meine Fensterscheiben. Jemand sprach Französisch. Die Tür ging auf und die Krankenschwester betrat den Saal. Es schien, als wenn sie die Männer zu überreden versuchte. Sie ging schnell an mein Bett, strich mir sachte über die Haare und sagte: „Pas peur, pas peur…“ Aus ihren Augen rollten Tränen …

Jemand stieg aus dem Auto draußen aus und schrie meinen Namen, der sich aber im Rattern des Motors bald verlor. Ich sah, wie die Krankenschwester lächelte. Ich ging die lange Treppe wieder hinunter bis in den Hof. Ich schaute nochmal hinauf, sie stand am Fenster und lächelte. Ich roch Jasminblüten an meinen Händen. Als ich unwillkürlich in meine Jackettasche griff, fühlte ich ein Blatt Papier darin. Ich nahm es heraus, faltete es auf und las darin den Namen: *Jasmin.*

Febris Romae

Si pella nigra colorescit
tuberis tumescentes oriuntur
et magna febris conscientiam turbat
dicitur morbus
pestis

Es war nicht so lange her, als die sieben Hügel mit den in der Mittagssonne weiß glänzenden Gebäuden bedeckt wurden. Niemand mehr wagte es, die noch wenig vorhandenen nahe gelegenen paludes aufzusuchen; und wozu denn auch? Die Ausdünstungen machten ohnmächtig und man war in kürzester Zeit ausgestoßen. Und je schneller die Trockenlegung vor sich ging, umso mehr litt man und starb, sodass die Neuankömmlinge die Straßen zu bevölkern begannen. Das erlebten viele. In den unerträglich heißen Nächten war in den Zimmern von der Hitze geradezu unmöglich zu schlafen. Der Körper schwitzte übermäßig und draußen hörte man ab und zu jemanden zwischen den Häusern eilig durchschleichen. Es waren meistens Kleindiebe oder angeheuerte Mittellose aus den Provinzen, die in der Metropole ihr Glück versuchten. So schlief man unruhig und ohne Bedeckung. Man hörte ein ununterbrochenes Summen und man stand allmorgendlich durch lange nächtliche Kämpfe mit den in der Dunkelheit unsichtbaren Wesen müde auf.

In Marcus´ Haus brannte die Öllampe gewöhnlich bis spät in die Nacht hinein. Unter einer auf seinem dunklen Tisch gestellten Netzkuppel wimmelte es von kleinen beflügelten Lebewesen. Er schrieb. Und es wurde klar, dass in seinem Alter dies vielleicht das Einzige ist, was er vor Jupiter zu hinterlassen vorhatte, aber auch vor Fundania, deren er gedachte. Indes wohnte Sef ibn Tahir in einem alten Haus, das er mit Stolz *villa* nannte, gewiss keine *rustica* aber am Rande der Stadt, die zu ihrem immer größeren Verderben schon lange keinen Waldgürtel mehr um sich besaß. Seine Verwandten kamen aus der Provinz Ägypten, die einst blühend, dann mehrmals auf kriegerischem Wege aufgeteilt schließlich den Ptolemäern gehörend nun vor einigen Jahren dem Imperium einverleibt wurde. Ja, diesem Imperium. Und die Sonne? Die Sonne, die hier im Sommer trotz hoher Temperaturen, immer noch erträglicher war als in Theben, wenngleich die Gegend auch nicht gerade mit den Tusculum-Bergen vergleichbar, tat ihm dennoch wohl. Und vielleicht auch nur dies, vielleicht. Denn das Alleinleben, ohne Dattelpalmen und weiße Ibisse, die er im Knabenalter morgens auf den unendlich weiten Feldern am Nil stolzen Schrittes gemächlich schreiten sah, brachte hier keine Abwechslung. Wieso er am Leben blieb, trotz seines Greisenalters, war mehr ihm allein als allen anderen wohl ein Geheimnis. Viele, die diese Gebiete bezogen, waren nach weniger als sechs Wochen in ärgsten Zuständen ihrer sich unaufhaltsam verändernden Körper hilflos dahingerafft worden. Da half nicht einmal die Tellus. Durchfälle, ein nicht mehr kontrollierbarer Harngang, der stets blutig ausging, unerträgliche Nierenschmerzen, Alpträume, welche die Nacht vom Tag nicht mehr unterscheiden ließen, Haare, die sich nicht mehr in Ordnung bringen wollten und ein ständiges Herzrasen waren die Symptome, die jeden der Ankömmlinge früher oder später heimsuchten. Immer dieselben. Und ohne eine Hoffnung auf eine Änderung. Kam eines zum Vorschein, traten alle anderen bald hinzu. Nichts war zu retten und Febris hatte in ihren drei Heiligtümern alle Hände voll zu tun. Man legte die Säuglinge auf die Erde und es half nichts. Es kam vor, dass innerhalb von vier Wochen die ganze neu eingezogene Familie dahingerafft wurde. Man sprach danach nicht mehr darüber, doch in den darauf folgenden Nächten eines jeden Hinscheidens sah man an den Mauern kopflose Gestalten in den Stein eingeritzt. Man bedeckte die Stellen mit Lehm, doch sie erschienen immer wieder. Schließlich ließ man es sein wie alles andere, worauf die Götter ihren Anspruch erhoben. Das Land war hier günstig, geradezu üppig und so zogen viele hierher, von den früheren Bewohnern nie was in Erfahrung gebracht. Sie starben ohne Nachwuchs und in einer Einsamkeit, der sie nicht gewachsen waren und die sich über sie wie ein mächtiger Schatten Thebenischer Amun-Säule im Hypostylon ihrer Angst erhob. Nichts half.

Und wenn ich zurückdenke, so erscheint mir die vergangene Zeit wie ein entlegener Stern am Himmel. Wenn man die Augen schließt, scheint er zum Greifen nah. Kaum verfällt man der Wirklichkeit wie einer schlechten Gewohnheit, trennt uns Unendliches. In meinem Alter wagt man es kaum noch, den Kreis seines eigenen Hauses zu verlassen. Es tut trotz allem abends immer noch gut, in der lauen Luft zu liegen, wenn sich die Wände über den müden Körper zu neigen scheinen. Eine Schwere befällt dich und erdrückt die Angst. Sie wächst nicht mehr und unter deinen Lidern verweben sich alle Gedanken mit den Erinnerungen, durch die man lebt und breiten ein undurchdringliches Netz über die Furcht aus. Denn man fürchtet sich allzu oft und in den Situationen, die am lichten Tage zu belanglos erscheinen, um noch wahrgenommen zu werden.

Ich lag, meine Augen immer noch geschlossen. Ich fiel in einen tiefen Schlaf, der mich von allem loslöste. Ich träumte von Milch, von weißer Milch, die ich in meinem ausgetrockneten Mund so lange schon nicht mehr schmeckte. Wie lange denn eigentlich? Ich sah meine Mutter und ihre schwindenden Hände, die mir eine Schüssel voller weißer Milch reichen. Ihre Hände. Wo sind sie jetzt? Es gibt allzu viele Hände, die niemandem gehören. Sie sind fremd in ihrem eigenen Körper und bewegen sich, wo sie nicht hin wollen. Ich verbrauchte in den letzten Wochen, auch nahe an den Tempeln, viel Zeit für die Suche nach den Händen, die nicht lügen, nach wahren Händen, die so selten geworden sind. Und ich fand sie. Ich war in einem Haus, in dem ich einen verstorbenen jungen Herrn ruhen sah. Man schloss ihm gerade den Mund und die Augen. Da ergriff mich eine solche Furcht, dass ich am ganzen Körper merklich zu zittern begann. Daher schaute man mich an, als wäre ich von einer Seuche befallen, was hier nicht unüblich erscheint, und wenn nicht gerade meine Kleidung, die ich sonst an Festtagen anzuziehen pflegte, so hätte man mich sicherlich für einen Aussätzigen gehalten, vielleicht gar vor die Tür gestoßen. Aber ich kam, weil viele kamen und ich blieb, bis sich der Abend über das Haus und die Felder erhob. Ich raffte mich schnellstens zusammen. Es half. Man beachtete meiner nicht mehr als der anderen. Dann sah ich aber die Frau. Ihr zum Knoten gebundenes und mit Blumen geschmücktes dunkelseidenes Haar. Ihre rechte Hand, die sich sanft auf ihr Gesicht legte, während die andere über ihrem Schoss die weiße Tunika sachte umhüllte. Sie wandte sich zur Wand, schloss sich und kehrte, einer Mimose gleich, tief in sich hinein. Ihre Hände wurden ihr mit einem Male so nah, wie ich sie hier noch nie so sah. Da war auch der Hund, der seinen Herrn ansah, als wäre das Sterben ganz und gar ein Schauspiel, in dessen letztem Auftritt der Tod nichts anderes ist als ein unentbehrlicher Fall des Vorhangs, ohne den ein jedes weiteres Spiel ins Leere stoßend unmöglich erscheint.

Gerade noch gestern war er da, vielleicht mehr denn alle anderen. Er fühlte unter seiner Zunge den Druck der saftigen faventinischen Traube, die sich wehrte und dann ihr Nachgeben, ihren Saft, der sich über die Zunge ergießt und die Sinne unendlich berauscht. Er sah, wie man ihn anlächelt, beinahe unmerklich. Das tat man oft. Das Leben glitt in andere Dimensionen hinüber, in welchen der Tod nicht einmal als Name existiert. Und nun ist *er* der Herr mehr denn je da, in einem Land, in dem alles andere keinen weiteren Namen als seinen trägt. Und doch, dennoch stieg sie über *ihn* mit einer Geste, die keiner Auslegung bedarf. Ich glaube, ich kann damit leben. Ich kann leben mit dem Wissen, dass es Dinge gibt, über die wir nicht zu herrschen vermögen und die in seltenen Momenten uns, die wir verloren im Dunkeln eines verlassenen Tempels irren, den Weg weisen können. Sie heben unsere Hand, um sie uns zu zeigen, uns längst Entfremdeten. Ja, man trägt Gedanken mit sich, ohne eigentlich zu wissen, was man damit anfangen soll, als schleppte man durch die verstaubten Gassen ohne Ziel und Sinn einen Sack voller Steine mit sich. Man weiß, man muss ihn tragen. Man spürt, dass sein Herunterfallen uns damit in den Boden reißt. Man verspürt davor eine unerklärliche Angst. Man kann sich nicht mehr daran erinnern, was war und wo das Ziel liegt und ob es überhaupt ein Ziel gäbe und wenn, dann was für einen denn nur? Meinen? Wessen? Und wozu die Steine? So fällt man eines Tages unter der Last und mit einem Male merkt man, den Inhalt verwechselt zu haben. Doch man ist zu müde, um noch zurückzukehren. Man schläft ein und wacht nicht wieder auf. Da erscheinen Frauen am nächsten Tage auf dem Pfade. Man findet eine unangenehme Puticoli am Esquilinus, man trägt dich bei Nacht dahin und deckt dich, sich deiner erbarmt, schließlich wenigstens mit den Steinen zu, die man dem Sack entnahm. Und mit dem Sack spielen die ausgemagerten Hunde, die überall in Scharen des Menschen Auge trüben, in jeder Stadt und in jeder Gasse. Sie zerreißen ihn und vergraben ebenso die Fetzen in der sandigen Erde. Wäre es wenigstens ein capulus, der sternengesättigten Nut.

Indes hört man dein Wort nicht. Du sagst es, doch deine Lippen wollen sich nicht bewegen. Du meinst, vor dir alle versammelt stehen zu sehen, dir lauschen zu wollen. Wieso küsste man dich aber nicht? Wie kam es nur dazu? Hoch liegst du aufgebahrt auf einmal. Ganz hoch in der Ustrina, mit Zypressen umgeben. Ja, die Zypressen, und der Wein in den Händen der Versammelten, wohl riechende liquores unguenta und tus... Es muss ein Fest sein. Allerdings, ein Fest. Und so liegst du wie noch nie so hoch. Doch… - mit einem Male wendet man Gesichter von dir weg! Wieso nur?! Und in der Ferne hörst du den Pöbel aufschreien. Männer erscheinen vor dir, kämpfend. Wozu all das? Ist das ein Fest? Verzerrte

Fratzen lachen dich an… Wozu all das denn bei allen Göttern? Und während du noch diese Frage stellst, löst sich plötzlich alles in Flammen auf. Du schreist auf, öffnest die Augen! - Es ist Nacht um dich, in der du in die ewigen Arme von Kuk und Kauket heimkehrst.

„Sef! Sef! Du hast Fieber... Bleib liegen!... Es ist Mittag. Bleib liegen in der Kühle!... Ich bringe dir Ziegenmilch, wie einst. Weißt du noch, wie einst…
Bleib nur liegen!
Es ist nur …
Fieber.“

2011

Der Spiegel

Heute begann alles perfekt. Der Tag war durchaus gelungen. Ich schlief gut. Die Nacht war sternenklar. Ich hatte nur einen seltsamen Traum.

Mir schien, ich sah eine Frau im Spiegel. Ihr dunkles langes glänzendes Haar bedeckte ihre halb entblößten Schultern. In ihrem Stolz verschränkter Hände über einem Buch erschien sie mir freilich betrübt. Ich beschloss, nach dem Grund zu fragen und doch wusste ich, was immer ich täte, es wird nichts ändern können. Später kam ich immer wieder zu dieser somnambulen Sicherheit zurück, die ich nicht zu ergründen vermochte. Es war, als wäre ich im Träumen über meinen Zustand durchaus bewusst. Doch immer wenn ich diesen Gedanken zuließ, trübte sich das Bild und ich konnte nichts mehr erkennen. So tat ich, als wäre all dies, was ich sah, wirklich. Ihre Tränen, die ich auf einmal bemerkte, wirkliche Tränen. Ihr rabenschwarzes Haar, ein wirkliches Haar, das sich einer Seide gleich auf ihre Schultern legt. Ich tat, als wäre all dies da. Und doch, wenn ich so tat, so schien es in Wirklichkeit unmöglich, das Wirkliche fortdauern zu lassen, das nach Verneinung begehrte, um die Täuschung nicht zu trügen, die ich zu erahnen schien. Also tat ich das Unmögliche. Ich log, das heißt, ich schaute. Und so wurde alles dermaßen real, als hätte ich gar nicht anders gewollt, noch nie. Ich hatte Angst zu erwachen und die Angst, darin zu verbleiben. Ich sah ihre roten Schuhe und ihr dunkelgrünes Kleid, das ihr sehr gut stand. Es betonte sie unter allen, hob sie hervor, wie eine schmale Zypresse, welche das müde Auge des Wanderers mit einer unsichtbaren Kraft und einer stolzen unergründlichen Gewissheit auf sich lenkt. Allein blieb mir der Anblick ihres Gesichtes verborgen. Denn sosehr ich mich auch mühte, es zu entschleiern, gerieten meine Gedanken sogleich auf andere Bahnen. Es war, als würde ein heftiger Sturm über einer Fjordklippe mein Zelt niederreißen und es in die bereits dämmernde Ferne forttragen. Ich verlor beinahe jegliche Kontrolle im Labyrinth meiner Hilflosigkeit und nur mit äußerster Anstrengung konnte ich in die gewohnte Lage zurückkehren. Ich gab es also schließlich auf. Das Lügen war die einzige Möglichkeit, es werden zu lassen. Indes war die Tür, in der ich stand, so eng, dass jegliche Bewegung oder ein Ausweichen die Realität bis zur Unkenntlichkeit verändern würde. Ich wähnte, einen Duft, ja, ihren Duft wahrzunehmen, der den gesamten Raum aus den Fugen zu lösen und ihn fortzutragen schien. Es war, als stünde ich in einem lichten Walde und die unverwechselbare Frische des nahen Wasserfalls in der Luft spürte. Er war da, und mit einem Male fing die Erde an, unter meinen wunden Füßen zu beben. Denn ich durchlief viele Meilen bis an diesen Ort. Ich schloss die Augen. Ich stand gerade am Ufer und nichts war wirklicher als dieses, welches die Zeit schwinden ließ, alles davor und alles noch nicht Gewordene. Dann sein ununterbrochenes Stürmen in die Tiefe. Und nun schien mir bisweilen, als ob dies schon längst in mir wäre und nur meiner Zustimmung bedürfte, bis es im Dauern unverändert die Zeit außer Kraft setzt. Ich stellte mir vor, alles würde vielleicht anders verlaufen sein, aber wie ich es mir auch wünschte, es wurde nicht anders und so wurde alles zu dem, was ich sah und nicht verleugnen konnte, denn es war mehr denn je unwirklich, also schloss ich die Augen. Das tat ich immer, wenn die Wirklichkeit ihre Grenzen zu sprengen begann. Doch in dem, was darauf kam, bemerkte ich stets, hie und da, Spuren, die über das Wahre nicht hinweg zu täuschen vermochten, und es tat wohl, denn so gab es einen Rückweg. Und ich weiß, dass sie mich da erwartet und dass ich in der Tür immer noch stehe, solange sie sitzt. Alles andere, auch meine Hoffnung, ihrer Schwermut die Last abzunehmen, wird sich wie ein morgendlicher Nebel lösen, dessen Zauber trügt und berauscht.

Und wenn ich nun nachts in der großen Bucht die unendlichen Stunden der Einsamkeit verbringe, so scheint es mir oft, ich würde ihre Stimme hören, sie von weit weg auf mich zukommen, als wenn jemand durch eine Glasscheibe spräche. Man vernimmt seine Worte kaum, doch man hört sie genau, als durchbrächen sie übliche Dimensionen und auf einem unbekannten Wege zu uns kämen. Man kann die Sätze nicht auseinanderhalten, aber sie bleiben in uns wie eine weit entlegene Kindheitserinnerung, die nie verblasst. Sie arbeiten gleichsam gegen unser Inneres und gegen die äußere Welt. Sie gehören uns nicht mehr und sind ein untrennbarer Teil von uns. Sie sind wie unser Spiegelbild, das nicht anders sein kann als wir und das, trotz alldem, was auch immer wir täten, unantastbar und untrennbar von uns selbst besteht. Wir sind der Schaum auf der Woge, die uns trägt und bestehen in *einem* Aufschwung, der das Leben heißt. Von sich selbst nie trennbar, übersehen wir das Entzücken, das wir mit uns in dem einen Augenblick tragen und das sich auf den Gesichtern der anderen malt. Wir gehen unter in der Welle, die uns zudeckt in der Überzeugung, es wäre ein ganz gewöhnlicher Sturmwind.

Ahlam

Es hieß, ich sollte mich auf der weißen Liege strecken. Die Arme hinter den Kopf. So. Wieder zurück. Dann aufstehen. Durch das Zimmer gehen. Zurück. Man hört ein unaufhörliches Drücken auf die Schreibmaschinentasten. Kopf hoch. Nochmals hinlegen. Man schloss mich an die Maschinen an. Ich lag und fühlte nichts mehr außer Kälte. Man schaute mich an. Man lächelte hinter meinem Rücken. Ich spürte es. Ja, man hat immer dieses Gefühl, wenn hinter dir schamlos gelächelt wird. Der leitende Arzt flüsterte der dunkelhaarigen Schwester etwas ins Ohr. Sie scheint es nicht verstanden zu haben. Nochmals. Ich setze mich indes auf die Liege.

Ich zittere. Draußen sehe ich Menschen am Gebäude vorübergehen. Sie ahnen nichts. Sie gehen vor sich, ohne ihrer Bewegungen bewusst zu werden. Sie bewegen sich gleichsam wie im Traum, Heuschrecken gleich, die beinahe unsichtbar ihren Ort verändern. Man sieht ihre Bewegungen nicht. Man strengt die Augen an. Doch es hilft nichts. - Dann ein Sprung! Sie ist weg! Eine Nadel fährt in meine Wirbelsäule. Meine Beine verlieren jedes Gefühl. Man legt mich auf die Liege. Langsam entgeht die Kontrolle über meinen Körper. Man klopft auf meine Oberschenkel, auf meinen Rücken. Ich fühle nichts. Die Krankenschwester von vorhin steht bei mir. Sie lächelt mich an. Dann kommen die anderen Ärzte. Ich werde angeschnallt. Die Schwester reicht mir ihre weiße dünne seidene Hand, beinahe unmerklich. Ich drücke sie. Es ist das Einzige, was ich noch verspüre. Ich denke an ihre Wärme. Ich kenne ihren Namen nicht. Ich fühle einen dumpfen Schnitt irgendwo unten. Man lächelt mich an. Dann die Unaufmerksamkeit. Der Arzt fährt mit dem Gummihandschuh über seine schwitzende Stirn. Sie wird rot. Es wird kälter. Immer kälter. Ich schlafe ein.

Ich wache auf in einem weißen Zimmer. Über mir, hoch, lange Neonleuchten. Ihr Summen und Blinken. Von einer Flasche an meinem Bett tropft eine gläserne Flüssigkeit direkt in meine Adern. Ich kann mich nicht bewegen. In den Saal kommt die schwarzhaarige Krankenschwester. Sie lächelt mich an. Sie sagt etwas zu mir und reicht mir ihre dünne seidene Hand. Ich führe eine Bewegung aus, die ich im Kopf einst als ein vorsichtiges Drücken codierte. Ich weiß nicht, ob es funktioniert. Sie schaut nach unten, auf meine Hand. Es ging also. Dann nimmt sie aus ihrer weißen Seitentasche ein Blatt Papier, hebt meine Hand sachte höher über das Laken und drückt es in sie vorsichtig. Dann schließt sie meine Hand, wie ein kleines Kind es wohl täte, wenn es seinen ersten Käfer fängt und voller Stolz, Eifer und übermäßiger Vorsicht nach Hause eilt, um es dort vor der Mutter zu offenbaren. Meine Hand liegt an mir wie ein abgebrochener Ast. Ich darf mich nicht hinsetzen. Ich darf meinen Kopf nicht drehen. Ich darf nicht lachen. Ich darf meine Beine nicht bewegen. Ich darf nichts essen.

Ich schlafe ein.

Ich bin mitten in der Nacht hellwach. Ein Auto vor den Fenstern wirft mit seinem Licht einen hellen Strahl auf die gegenüberliegende Wand. Er bewegt sich hin und her. Meine Augen wiederholen diese Bewegungen mechanisch. Ich liege wie ein Grabeskranz. Niemandem vonnöten aber von allen akzeptiert. Mit dem ersten Schnee wird er nach den langen frostigen Novembertagen auf die Friedhofsmüllablage geworfen, die man übergeht. Was die Hände der Blumenhändlerin einst schufen, wird nun mit kerbigen Ästen verdeckt. Nichts weiter wert als Erinnerung, die auch dann so schnell verblasst, wie weit die Hand reicht, die den Kranz wegwirft.

Man hebt mich morgens hoch. Die Abende sind allzu lange. Sie haben keinen weiteren Sinn. Sie sind still und kalt. Ein jeder dem anderen vollkommen gleich. Man nahm die Flasche weg und meine Venen gehören jetzt wieder mir, wenngleich nur in meinen Erinnerungen.

Die Arztbesuche scheinen indes abzunehmen. Ich kenne ihren Namen. Er stand auf dem Blatt, das ich heute Nacht las. Ahlam. Sie ist fort. Sie gehörte nicht hierher. Ich wusste es sofort. Ich träume nichts und in dieses falle ich nachts, um darin zu erwachen. Jetzt sind meine Hände nur noch Erinnerungen an etwas von einst. Wie war es, als sie ein Lächeln in ihren ersten Stunden an den Lippen hervorriefen. Einfach so, weil sie klein und zart waren, so unbedarft? Und nun? Wie damals liegen sie, genauso auf sich selbst zurückgeworfen. Sie sind noch da, doch man geht an ihnen vorüber wie an einem Stuhl im langen kaum beleuchteten Krankenhausflur. Niemand kann jemanden dazu zwingen, sich auf einen dieser kalten Stühle zu setzen. Und wozu denn auch nur? Man hat es ja immer eilig. Man geht schließlich durch die steinerne Treppe hinunter auf die Straße und atmet erst einmal richtig tief ein und aus. Noch kann man das. Noch fühlt man es. Man stürzt sich in einen Bus und alles andere fährt genauso schnell

vorüber. Ich liege und niemand kann jemanden dazu zwingen, mich anzusehen. Wozu auch nur?
Als man mich verlegte, umwehte mich eine frische Herbstmittagsluft. Die Wege waren voll von roten Ahornblättern. Ich lag und hinter dem Zaun stand eine Gruppe kleiner Kinder, die mich wie eine große unbewegliche wachsbleiche Puppe anschauten, der man versehentlich die Fäden entfernte. Ich kann mich sehr gut an den Weg erinnern. Man stellte meine Bahre in einen untergeschössigen Raum mit einer niedrigen Decke, bis zu der die Aktenschränke mit vergilbten und hellbraunen Umschlägen reichten. Man blätterte darin, schließlich fand man es. Krankheitsverlauf. Ein Kopfschütteln, dann das Umblättern. Ein Blick in meine Richtung. Ich werde in einem Fahrstuhl gefahren und muss mich entkleiden. Ich tue es mechanisch. Ich betrachte inzwischen meinen Körper als Teil dieser Gebäude, zu denen ich nun gehöre. Meine Vergangenheit entfernt sich langsam von mir wie ein morgendlicher Nebel. Ich liege und mein Körper ist mir vollkommen fremd. Nur das Stecken der unzähligen Nadeln in meine Adern erinnert mich an den Besitz, den ich bewohne. Die Nadel geht durch die Haut blitzschnell durch und berührt meine Muskeln. Ich spüre ihr Zittern. Dann liege ich stundenlang in meinem Zimmer. Es heißt inzwischen, für einiges sei bereits zu spät, für anderes jedoch noch zu früh. Eine Linie von Entscheidungen teilt meinen Körper in Regionen auf, die leichter als die Luft zu einigen Fachbegriffen kommassiert werden. Inzwischen befreite ich mich davon. Ich stelle meinen Körper den allmorgendlichen Untersuchungen zur Verfügung. Die Werte auf den Monitoren indizieren meine unvollkommene und nur flüchtige Leiblichkeit. Die Zellenbewegungen umgeben mich wie die Rinde den Baumkern. Ich schaue meine Vergänglichkeit und kann nicht begreifen, wie schnell ich verrinne, einer Kerze gleich, dessen Licht zunächst das Auge an sich bindet, das sich aus der Dunkelheit des Raumes in die Immensität des himmelhohen Domes emporhebt. Doch es dauert nur einen Augenblick, dann wendet man sich von ihr ab. Sie erlischt, l a n g s a m… Ich denke immer noch an Ahlam. Das Denken ist es, welches sich einer fluidalen Konstitution immer und immer widersetzt. Ich wünschte mir, wieder zu träumen. Das Fehlen von Träumen beraubt mich der einzig wahren Sicherheit meiner Existenz. Es ist wahr, dass ich nachts in ein dunkles Nichts hineinstürze, ja, doch es ist höchstens erniedrigend, in die Augen der, bis zum äußersten angespannten Augen, junger Medizinstudenten schauen

zu müssen, die mich für ein außergewöhnliches Exemplar halten und ihnen dieses Bild nehmen zu müssen, jedes Mal, wenn sie sich mit ihren Notizbüchern über mich stürzen.
„Was haben Sie heute geträumt?“
„Korrelieren Ihre nächtlichen Bewegungen mit Ihren täglichen Spannungskurven?“
„Wie oft träumen Sie in der Woche?“
„Ist der fraktale Casus irreversibel?“
„Sind Ihre Lebenserfahrungen von Bedeutung für Ihre Visionen?“
Ich antworte nicht. Visionen? Was denn bei Gott für Visionen? Ich schweige. Sie schreiben dennoch alles auf. Sie schreiben das Schweigen auf. Ich wusste nicht, dass man das Schweigen aufschreiben kann. Natürlich wusste ich, dass man beispielsweise in den Bühnenanweisungen das Wort ´Schweigen´ benutzen kann, um gewisse, den meisten vollkommen unverständliche, außerszenische Vorgänge kenntlich zu machen. Aber da stand das Wort ´Schweigen´ und man brauchte es nicht, es nochmal aufzuschreiben. Doch gerade dies wird getan! Bei Gott… Ich frage mich oft nach den Besuchen, was wohl auf all den Zetteln stehen mag. Sie verlassen aufgeregt den Saal, flüstern, schauen sich nochmals um, manche lächeln mich an. Doch wenn ich das Lächeln erwidere, wird auch dieses sogleich notiert. Ich hörte also damit ziemlich schnell auf. Es ist erniedrigend, sich ständig vor eigenen Bewegungen hüten zu müssen. Ich hoffe auf einen ungezwungenen Frühling. Die Wintermonate sind untragbar. Man versteift beim Hinausfahren in die anderen Blocks und man braucht sehr lange, um wieder aufzutauen.
„Locker bitte, locker!“
„Wieso verkrampfen Sie sich so?“
„Er verkrampft sich immer so!“
Dabei sitzt die *Untersuchung* einen ganzen Tag im Zimmer. Die Liegen werden hinein- und wieder hinausgefahren. Es ist peinlich, sich ausziehen zu müssen. Ja, die Gleichgültigkeit in dieser Frage wird zuweilen zur peinlichen Konfrontation. Und das nicht, weil man sich etwa schämt, das nicht, vielmehr, weil man die *Beobachtung* in Verlegenheit versetzt, mit eigenem Körper. Es kommen Fragen, die nicht beantwortet werden können. Dann ist es besser im Saal mit den Besuchen. Wenigstens muss ich nichts antworten. Es wird so oder so geschrieben. Ich frage mich, was nach der Entlassung aus mir wohl werden

wird. Ich stelle mir vor, eine Fahrkarte kaufen zu müssen. Sie wird ausgehändigt. Das Geld entgegengenommen. Keine Fragen. Keine Blicke. Ich kann mich jener düsteren Wintertage entsinnen, da ich stundenlang in der gerade vergehenden Nacht auf die Busse wartete. Ich kaufte mein Billet und sah im kleinen Fenster das gläserne gleichgültige Gesicht der halbvermummten Frau. Man stand hinter mir wie in einem Schlaf. Erst mit dem Bus erwachte man, um darin wieder in einen Trance ähnlichen Zustand abzustürzen, bis man endlich am Ziel war. Der Tag war klebrig wie eine Marmelade, in der allzu viele Erdbeeren ihre Konsistenz in eine unverdauliche Mischung verwandeln. Man geht schließlich auf die Toilette, um den täglichen Genuss in das Spülbecken auszuspucken, welches ebenfalls seine Aufnahme verweigert, bis man es letztlich, jede einzelne matschige und versüßte Frucht, hinunterspült.

Es sind noch Tage, die ich hier genießen will, was auch immer darunter zu verstehen ist, und es ist im Grunde auch vollkommen egal, was man darunter versteht. Wenn ich liege und Augen schließe, verfließt alles im Nu. Ich transponiere mich in die Wirklichkeiten, zu denen niemand Zugang hat. Sie lassen sich nicht auf die toten Papierblätter zwingen. Es ist immer ein Missverständnis, was man da lesen muss. Lauter Missverständnisse, vielleicht mit Ausnahme einiger weniger. Im Grunde jedoch sind es nur Spiegelungen, keine Worte. Zeichen als Ersatz des Unausdrückbaren. Irrtümlich jedoch hält man sie des Öfteren für eine Botschaft. Gott, wenn man das hört. Ich wiederhole nur: Lauter Missverständnisse!

Heute kam eine Friseurin. Es ist gut, wenn man die Pfleglinge auf ihr Recht aufmerksam zu machen versucht. So. Es ist etwas anderes als alles hier. Jemand von draußen, der durch die Krankenstuben wie ein frischer Wind geht, wenn die Krankenschwester die Fenster zu schließen vergisst und erst spät am Nachmittag zurückkommt, mit Gewissensbissen und gerötet, noch ihre Schürze zurechtrückt. Wozu das denn bitte? Ich legte meinen Kopf auf das frische Handtuch, das man über die harte Lehne des Stuhles hängte. Die Neonleuchten starrten mich mit ihrem gleichgültigen Blick unverwandt an, nicht einmal zitterten sie. Man wusch mir die Haare, massierte meinen Kopf, der so lange keine Frauenhand berührte. Gott, wie gut das tat... Ich schloss die Augen. Man schnitt meine Haare, während ich schlief. Ich merkte nicht einmal, dass ich wieder in meinem Saal lag. Ich stand auf und ging auf die Toilette, in der an der Wand ein Spiegel wie ein Milchglasfenster hing. Kaum konnte ich mich darin wiedererkennen. Ich weiß nicht, wie meine Frisur geworden ist, die Haare sind nur weniger geworden, manche liegen auf meinem Kopfkissen. Ich nahm ein Messer und versuchte, mich darin zu sehen. Nur älter wurde ich am Gesicht, Falten, welche der Zeit ihren Tribut zollen. Dabei hatte ich so viel zu erzählen. Nichts. Mir scheint, als würde all das in mir gleich explodieren. Ich zittere im Liegen. Bis heute sah ich meinen Bauch nicht. Ich weiß nicht, was sich unter den Bandagen versteckt. Manchmal brennt es nur, dann kommt die Schwester und reicht mir in einem kleinen Glas eine durchsichtige Flüssigkeit. Darauf fühle ich nichts mehr. Ich fragte sie nach der Friseurin. Sie würde erst wieder nächsten Monat kommen. Einen Monat Schlaf wäre gut, vielleicht käme auch Ahlam zurück. Wenn man so lange in der einen Abteilung liegt, kommen einem die Menschen, die man im Wechsel sieht, wie Marionetten vor. Sie machen Grimassen, die ihnen fremd sind und bewegen sich so, wie sie es im Grunde gar nicht nötig hätten. Ihre Hände führen Bewegungen aus, die ihnen selbst fremd erscheinen müssen und sie tun es dennoch. Es ist zuweilen geradezu peinlich, dem zuzuschauen. Ganz so, als würde ein Karussellbesitzer sein eigenes Karussell den ganzen Tag lang benutzen, hin und wieder, hin und wieder und noch einmal darauf fahren, bis er sich schließlich hinter der flimmernden Bude vollkommen übergibt. Ich tue also, als schliefe ich, dann ist es wenigstens nicht so peinlich und ich muss nicht mehr die Fragen beantworten, die sich bereits bei ihrem Stellen restlos erübrigen. Bei der Größe der Anstalt sieht man beinahe jeden Tag neue Gesichter. Sie können sich das meine nicht merken, tun es auch nicht. Jeder, der kommt, spricht dieselben Worte aus. Sie sagen: „Herzlichen Glückwunsch!“ Jeder dasselbe, ob Mann oder Frau, als würden sie diese Formel für ein Erkennungszeichen halten. Nur antworte ich nichts. Anfangs lächelte ich. Ich fand es im guten Tone, ja es war fast angenehm. Doch mit der Zeit wurden die Worte ihres Sinnes vollständig enthoben. Die Sätze wurden einer Zuckung gleich. Es gibt keine Zeit zu Überlegung. Im Langzeitgedächtnis gespeicherte Reflexe lassen den Körper Dinge ausüben, die nicht mehr über den Verstand den Weg ihrer Ausführung finden. So auch hier. Die Menschenschatten schlendern durch die Flure und verschwinden plötzlich in ihren nachmittäglichen Kojen. Der Tod wurde seines Schreckens beraubt. Nur in den Leichenhallen ist er zuhause, aber nur dann, wenn man sich des Verschiedenen erinnert. Die Angst verkümmerte hier zu einer tropischen Pflanze, die nicht richtig gepflegt eine seltsame Zwergform annimmt und hätte man sie früher nicht beim Einpflanzen gesehen, so hätte man beinahe meinen können, die Auswüchse ihrer Epidermis gehören gerade zu ihren typischen Erkennungszeichen. Ich überlege manchmal in den langen unendlichen Nächten, was mit denjenigen passiert, die niemand von hier abholt. Es ist klar, zunächst werden sie wie alle anderen versorgt. Man bringt tagtäglich und allmorgendlich ein Glas frischer Milch, Marmeladenbrot und ein Rechteck gelblicher Margarine am Rande eines weißen abgeschabten Tellers. Man fühlt sich umsorgt, solange man das eigene Krankenzimmer nicht verlässt. Tut man es aber einmal dennoch, man tut es ja einmal doch, so platzt der „Zauber“. Auf dem stählernen glänzenden Küchenwagen im schwarz-weiß gefliesten düsteren Flur stapeln sich die Teller der anderen Kranken. Alle aufeinander, alle. Brot auf Brot, Teller auf der halbierten Margarine, an deren Rande eine Spur Marmelade blieb und vergossene Milch auf dem Tischblech des Wagens. All das wird in die Küche geradenwegs gefahren und der nächsten Schicht „anvertraut“, die es nur mit verborgenem Ekel in den Kübel mit dem Spülwasser hinunter plumpsen lässt. So geht es hin und her, bis eines Tages die ärztlichen Befunde den Aufenthalt für verlängert nötig betrachten. Es folgen unzählige und überflüssige weitere Untersuchungen, deren Ausgang dem leitenden Arzt schon längst bekannt ist, aber man lässt den Kranken in der Hoffnung schwitzen, die er alleine für glaubwürdig hält. Die Kasse zahlt, die weißen Umschläge nehmen den ganzen Platz in der ärztlichen Schublade und der Tod fühlt sich noch einmal betrogen und ausgelacht. Der Tag, an dem er schließlich erscheint, kommt niemandem außer vom Kranken zu Gute. Die Anstalt verlässt eine dunkle Limousine. Darin der Arzt. Man lässt den Verstorbenen eine Nacht noch unten liegen, damit er sich von der einstigen Krankheit endlich einmal richtig erholt, dann wird sein Bett oben neu bezogen, das Fenster zum ersten Mal seit Monaten weit aufgemacht, vielleicht gar zu weit, denn dies fällt sogleich auf. Man flüstert. Und dennoch ist es so, als käme mit dem Frühling die Genesung für alle Patienten der Etage mit herein!

Meine Befunde zeigen, wie selten nur eine Abwechslung möglich ist. Ich bleibe bis zum Sommer, heißt es. Ich gehe in das Nebenzimmer, in dem die Fenster weit offen stehen. Sie gehen zu einem Park hinaus, der um den kleinen Hof unten einer weißen Villa hinter dem Zaun gehört. Man sieht manchmal einen Besuch kommen, man trägt Torten hinein, die Kinder laufen um den Wagen herum, der an dem großen Lindenbaum steht, welcher die Hausfronte beschattet.

„Bitte, gehen Sie! Was soll nur daraus werden?“

Eine Hand legt sich plötzlich auf meine rechte Schulter. Ich hebe meinen Kopf. Die Nachtschwester. Mein Schweigen weckte sie auf. Die unerträgliche Stille in den Fluren schrie einen purpurfarbenen Sonnenuntergang. Das Fenster, das entflammt, wird zugemacht. Die weiße Klinke nach unten rechts fest gedreht. Im Bett liegend, falte ich die Hände zusammen, beinahe unwillkürlich. Alle Enden sind gleich. Ich sehe den roten Knopf am Bett, der den Tod bei seiner Arbeit verhindern will. Alles umsonst. Das Spiel dauert so lange, bis man nur müde davon wird, dann drückt man auch den Knopf nicht mehr. Wozu denn nur? Man fühlt sich wie in einer Gepäckaufbewahrungshalle. Nur bei der Aufnahme wird der Eindruck einer besonderen Umsorge erweckt. Dann kommt das Übliche: Das Hineinschieben in eine Box. Die Nummer drangehängt und der Wart setzt sich abermals auf seinen weißen Hocker bei der funkelnden kleinen Lampe, setzt seine Brille auf und liest in der Zeitung von gestern. Die stählerne Gittertür wird automatisch zugeschoben und der Fall in eine Zeit entrückt, die mit den anderen in eine gläserne Endlosigkeit zusammenfließt. So geht es tagaus, tagein. Es heißt, ich soll mich auf der weißen Liege strecken. Ich denke an die Koffer und das Gitter. Ich höre die Kinder im Park und jemandes Schritte.
Dann wird die Tür zugemacht.
Ahlam?!

Der Aussätzige

In der Stadt brodelte es. Der Sommer kam wie erwartet mit Glühen dämpfender Straßen. Die am Ufer nahe gelegenen Wiesen boten genügend Platz für kapriziöse und burleske Vorführungen. Die wenigen Schattenplätze belagerte man bereits am Vormittag und als es dann zur feierlichen Eröffnung kam, barsten sie und warfen auf die Straßen die Greise und Mütter mit ihren vor Hitze schreienden Kindern. Über dem Fluss erstreckte sich eine stählerne Brücke, wovon der Blick beinahe die ganze Wiesenlandschaft umfasste. Es war darauf einfach herrlich! Herrlich war es auch darunter, nahe am Wasser, an dem die Obdachlosen ihre Brotreste an die Wildenten verfüttern. Es ist nun mal so, dass die Obdachlosen die Enten füttern, genauso wie die Kinder. Das haben sie gemeinsam. Und noch eins: den ungestörten Glauben an die Gegenwart, die sich ihnen in jeder Sekunde bietet, ohne Rückschlüsse und überflüssige Sophistereien. Die Lokale öffneten bereits am frühen Morgen, darin die unausgeschlafenen Kellner und Mädchen mit angewöhntem Lächeln an den Theken des großen Geschäftes harrten. So viel über die Stadt. Ich setzte mich indes ans Ufer und entnahm der Hosentasche einen weißen in der Mitte gefalteten Briefumschlag, den ich stets beim mir trage und auf dem ein Stempel der hiesigen chirurgischen Abteilung sichtbar ist, der einzigen Chirurgie, die alle städtischen Fälle aufnimmt. Ich öffnete ihn und las darin, weiß nicht zum wievielten Male schon, die wenigen Zeilen, welche das ganze Leben auf den Kopf zu stellen vermögen, es vollkommen aus den gewohnten Bahnen werfen. Ich lese sie, obgleich ich es auch im Kopf durchgehen lassen könnte. Aber so weiß ich wenigstens, in der Wirklichkeit immer noch da zu sein. Abgesehen von den Bezeichnungen, die einem jeden Uneingeweihten einen vorsätzlichen Schrecken einjagen, steht ein Termin dabei, zweimal rot unterstrichen, für die Behandlung. Ich kann nicht lange sitzen. Ich fühle die Falten des Blattes und gehe doch noch auf die Brücke, lehne mich daran und schließe die Augen. Mein Problem ist nämlich, dass sich meine Geburt nicht richtig auf der herkömmlichen Zeitleiste platzieren lässt, daher auch die ständigen an mich gerichteten Fragen, immer wenn ich die Abteilungen hinter den Glastüren betrete. Entweder bedauert man mich oder beneidet. Keines von Beidem endet mit einer Einladung. Schon längst bin ich zu einem Kuriosum geworden, welches nicht einmal hinter die glasigen Schaukästen der naturkundlichen Museen passt. Eine Etage für die Abnormitäten ist für die Abteilung der Humanentwicklung reserviert, aber ich lebe noch, sodass vorerst aus den Gedanken an Formalin wohl nichts wird, vorerst. Das Groteske ist, dass, sobald ich die Loggien einer Klinik betrete, ein wissenschaftliches Interesse für meine Person erweckt wird, das für die Kuriositäten immer zu haben ist, wie sie auch immer sich ausnehmen, aber gerade darin sind sie so anziehend, ja geradezu hinreißend für eine souveräne Betrachtungsweise selbstverständlich.

Ich als ein begehrtes Material bin stets willkommen. Kaum lasse ich die Schwelle des Sprechzimmers hinter mir, entsteht um mich eine A u r a geheimnisvoller Rituale. Es werden große schwere rote Bücher herausgeholt, Namen spontan vor sich geworfen und neue Präparate unterstrichen - alles meinetwegen, solange sich die dünne Nadel nicht in meinen Arm einbohrt. Dann wird die Grenze überschritten, hinter welcher sich ein jedes Wort als vollkommen überflüssig entpuppt. Die Schmerzen werfen mich nach rückwärts wie ein plötzlicher Schlag in einem abrupt zum Stehen gebrachten Metrowagen und ich verschwinde im weiß-weißen Weiß des Saales, an dessen Decke auf mich noch bis zuletzt wie Argusaugen die runden blendenden violett-weißen Lampen gerichtet bleiben, mich ins Uferlose begleiten. Doch entrücken auch sie und mein Körper übt Bewegungen aus, über die ich keine Gewalt mehr besitze. Es fühlt sich an wie ein stetes Zucken und mein Mund scheint sich weit zu öffnen. Meine Augen tränen.

Ich will für einen Augenblick auf die „Sache“ mit der Metro zurückkommen, denn nichts ist peinlicher, als die eigene Entfremdung gerade in dem Moment, in dem man glaubte, auf der Höhe seines Lebens zu etwas gebracht zu haben.

Es war in der durchaus vornehmen Linie Nummer eins. Als ich einstieg, zählte ich mit meinem weißen Hemd zu denjenigen, denen das glückliche Schicksal in die Augen schaut, zumindest solange man daran glaubt. Aber, wie man weiß, ist auch der Glaube an Tatsachen, die nicht weiter von uns entfernt sind als unser Blick, eine unserem Gehirn geschickt vorgespielte Täuschung. Wie gewohnt stand ich und ließ auf mich das Pfeifen der beschleunigenden Wagen wellend einwirken. Ich mochte diese sich seltsam anhörenden Geräusche, die zunächst immer höher, dann auf derselben Linie verbleiben, schließlich tiefer werden, bis ein einziger andauernder gleichsam getönter Lärm entsteht. Das Viertel gehörte den Obdachlosen und Zugezogenen an, die auch in der Gegend ihre kleinen

Hotels durchaus erfolgreich betreiben mögen. Auch sind hie und da in Gruppen Männer zu sehen, die ihre Nachmittage auf den Plätzen mit Kugelwerfen verbringen. Ich stand und sah all das vor mir, während ich hinter mir Station um Station hinterließ. Als die Metro die halbe Strecke erreichte, verschwanden all diejenigen, die mein Viertel bildeten und nach einem einstweiligen bunten Gemisch nahm der Wagen an schwarzen Anzügen an, von denen es immer mehr, immer mehr wurde. Ich weiß, ich zog an jenem Tage ein weißes Hemd an. Es war heiß und die Farbe sollte sich auch ein wenig abheben. Dass dies allerdings eine vollkommen falsche Einstellung war, überzeugte mich die letzte Station zur Genüge. Ich stand also und fand mit einem Male nur Männer und Frauen mit Bankertaschen- und Anzügen um mich herum. Erst jetzt fiel mir der Wechsel ein. Doch es war bereits zu spät auszusteigen. Die Haltestellen führten keine anderweitigen Anschlüsse und waren lediglich zum Aus- und Einsteigen gedacht.

„Comment? Ici? Ah, non, c´est seulement la sortie…“

Ich fuhr also weiter. Und indem ich weiter fuhr, wurde ich im zunehmenden Maße nicht nur mir alleine fremder, sondern auch allen anderen, die in mir ein Kuriosum wahrzunehmen schienen. Ich merkte bald, dass manche gar ihre kleinen Fotoapparate aus den Innentaschen herausholten, um sich eine kurzlebige Erinnerung von mir zu verschafften. Ich wurde zum Objekt. Es wurde heißer und an den Stirnen bemerkte ich die herunterfließenden Schweißperlen. Freilich bewegte sich niemand. Wie Wachsfiguren, die gerade gegossen werden, standen alle da, noch unfertig und doch nach ein und demselben Muster. Schließlich hielt der Wagen an und man fuhr die Rolltreppe bis auf einen weiträumigen Platz hinauf, auf dem ich mich plötzlich ganz alleine vor einer großen aus Stahl und Beton gefertigten Statue befand, die in der Ferne dem unaufhörlichen Fortschritt in Form eines Quadrates huldigte. Ich schaute mich um, doch niemanden fand ich auf dem ganzen Platz, als hätten sich all die, mit denen ich die ganze Strecke fuhr, einfach aufgelöst. Ich ging auf die Statue zu und erst von ihrer Höhe, die ich mühsam erklomm, merkte ich eine in ihrer Größe gewaltige Kugel, die unten beinahe mitten auf dem Platz stand, von mir vorhin vollkommen unbemerkt. In der Mittagssohne glänzend, drehte sie sich die ganze Zeit. Ich saß indessen und versuchte, ausfindig zu machen, wo sich die

Massen wohl hinbegaben, endlich fuhr die Metro alle fünfzehn Minuten die Station an. Ich meinte, an der Kugel Schatten erblickt zu haben, die an Menschen erinnerten und gerade als ich aufstehen wollte, fasste man mich von hinten mit einem wie ein Schraubstock drückenden Griff um die Brust und zog nach rückwärts. Als ich aufwachte, saß ich nackt in einem Operationssaal und merkte gerade die ansteigende Kälte, als man mir im selben Augenblick in den Rücken eine Nadel trieb und ich meinen Unterkörper verlor wie ein Insekt, das sich ohne seinen Hinterleib jedoch immer noch bewegt und an seiner immer mehr entrückenden Wirklichkeit klammert, die nichts anderes ist als einige zur Gewohnheit gewordene Muskelbewegungen des gepanzerten Thoraxes.

Die Behandlung wurde vollbracht. Die Wiese ist zum Bersten mit Menschen vollgefüllt, mit Kindern und ihren Augen, die davon allzu schnell müde werden und mit Hunden, welche sich von den hinter die Buden geworfenen Resten auf die Schnelle ernähren und ihren ständigen Hunger stillen, der stärker ist als sie und der sie bei einem kleinsten Anzeichen der Vernachlässigung in den Wahnsinn des Urinstinktes treibt. Ich kann nicht lange stehen. Ich trage meinen Körper wie einen vollkommen durchnässten Mantel und es gibt niemanden, der mir ihn abnehmen könnte, wenn ich es selber nicht tue. Die Brücke wird immer länger. Das Geländer glüht unter meinen Händen und ich verliere das Gefühl in meinen Beinen, meinem Unterleib… Ich will mich fester halten, doch ich muss das glänzende Metall der Brücke unter meinen verwundeten Fingern loslassen… Ich falle auf die Knie und sehe, wie sich die Menge um mich versammelt… Ich schreie, doch niemand scheint mich zu hören… Und je lauter ich schreie, umso weiter wird der Kreis um mich, immer weiter… entlegener… Ich fühle nichts mehr außer der kalten Luft, die durch meinen Mund in den entrückenden Körper gepumpt wird… Noch ein Atem, ein tiefer, tiefer Atem und die Brücke öffnet sich unter mir… Ich stürze und alles wird mit einem Mal aus meinem Körper durch den Mund hinausgerissen, als wenn sich der Sitz, gerade eben den höchsten Punkt der Beschleunigung des Riesenrades überschritten, unversehens loslöste und in die Tiefe einem Katapult gleich geschleudert würde, während die Menge in ihrem bis zum Bersten angeschwollenen Beifall . . . – !erstarrt! – … Ich öffne nochmals die Augen und sehe niemanden mehr vor mir, dann fühle ich noch, wie man mir in den Rücken einen eiskalten Gegenstand prellt, worauf sich meine Lungen im Nu wie ein aufgedunsener Plastikbeutel schnüren – im selben Augenblick wird darauf getreten!

II. Abteilung

Gedichte

SIE

Zwanzig Mal täglich hab' ich gehört
das Singen und klägliche Weinen.
Aber aus ihr schrien schon Tote
ohnmächtig in ihren Qualen.

Das Rot des Gesichts glich
dem früher Stunde,
die Hände verwelkt und nass -
entwachsen schon längst
der schmerzenden Wunde;
die Fäule und Beute der Stadt.

Sie war ein Traum,
den die Toten träumen
nach Jahren vergessen und blass.

Sie war eine Pfütze.
Sie war die Zeit, die jemand
zu messen vergaß.

Um drei Uhr

Sie saß im Garten
der Erde längst entwachsen,
mit tiefen Augen, ohne Glanz und Farbe,
nach Unsichtbarem tastend.

„Da, seht nur! (*sagte sie*) Da von dem Tore kommt ein Hund!"
Ein Hund?...
Was war's, was plötzlich vor ihr stand?...
Sie sagte uns: „Ein Hund, seht nur! Wie seltsam aber ist sein Fell!"
Und dann die Männer, viele Männer kämen.
Wir sahen nichts als Bäume um uns her!
Dann fragten wir:
Was sind denn das für Männer? Wo sind sie? Sag, wir hören nur das Rauschen
der alten Trauerweiden!
„Und vor den Männern sitzt der Hund!
Der Hund … - die Männer aber stehen um mich stumm…"
Ein Hund?...
Wir sahen nichts…
„Na, schaut! Es ist doch unser …ja, unser alter Schäferhund!"
„Und in der Ferne schlägt die Kirchturmuhr!"
…
Wir hörten nichts, gar nichts! Da fragte ich:
Die Kirchturmuhr?...
„- Ihr hört denn nichts?! (*antwortet sie*)
Es hallt doch von dem schiefen Glockenturm!"
Vom Glockenturm?...
Wir hatten keinen Glockenturm! Wir hatten keinen Schäferhund!
„Es schlug gerade drei!"
Es war doch Mittag!...
Es ist doch Mittag, ja Mittag, sieh, wie sich die Blüten öffnen…- sieh nur hier!

Im Garten hatten wir den alten Apfelbaum, der wunderschön so blühte,
so weiß… Und wenn er dann verblühte, so war's,
als wenn der Schnee im Prunk des Frühlings ruhte…

Dann sagte aber ich:
Hör´ nur, da weit, am Waldesrande… die alten Trauerweiden rauschen!
Und dann ihr Schrei!
„Seid ihr denn alle taub?!“
„Es schlug gerade drei! Warum macht ihr denn aber dunkel um mich nun?“
Es war doch hell, glaub mir, ein schöner Frühlingstag, fast grell!
Es ist doch gar nicht dunkel! Die Sonne strahlt doch her!
„Es ist so dunkel! Ach, so dunkel war´s noch nie!“
„Macht Licht! Macht Licht! Ich will nicht in den Flur!“
Da gab es keinen Flur! Du weißt, wir hatten keinen Flur, so fragte ich:
In welchen Flur?...
Doch sehen, sehen wollte sie, was wir nicht sahen, glaube mir. Sie fragte uns:
„Ist es denn unser alter Schäferhund?...“ (*und dann ihr Schrei,*
ja abermals der Schrei, den du nie mehr vergisst…)
„O Gott! O Gott… es ist der alte G a r m!“
Der Garm?
Ihr wisst es nicht?! Der alte tolle Nachbarshund!“
Da gab es, glaub, da gab es keinen Hund!
Die Nachbarn haben keinen Hund! (*du weißt, sie hatten immer Angst.*
Und als sie eines Tages kamen, stand sie da,
so wie versteinert, glaubst du kaum.
Dann lief sie in den Keller, schloss sich ein,
so dass wir alle, mit Gewalt,
die alte Tür aufbrechen mussten.
Sie lag da,
am Körper zitternd, schneeweiß und schrie,
sie wolle nicht, und:
„Schickt sie fort!“
Wir fragten sie:
Was sagst du denn da nur?!
Wie damals schrie sie wiederholt, sie wolle nicht, sie…
„Ich will nicht in den Flur! – Ich will von hier fort!“
Sie wollte einfach fort, wo sie doch eben zu uns kam, wieso denn also fort?...
Wohin?... – Sieh nur, die Kinder spielen dort!
Im Garten spielten Kinder, wie immer spielten sie ja dort! Da sagte sie:
„Ich sehe nichts… - Es ist so dunkel! So dunkel war´s noch nie!...noch nie!“

„So dunkel war´s noch nie! Wer ist´s? Wer ist´s? Ich bleib, ich will…oh nicht…oh nicht!"
„Ich will nicht mit euch mit!"
Wen sah sie nur? Mit wem wollte sie nicht?... Da sagte ich:
Sieh nur, die Kinder sind auch hier! Sie stehen jetzt, sieh nur,
sie stehen jetzt vor dir…
Erkennst du sie denn nicht? …
Sie kamen von weit her…
Sieh nur!
- Giltene, Mara und die kleine dunkle Ker!
„Lasst mich, lasst mich, ich …mich …ich … fort…"
Geht spielen, Kinder! Spielt jetzt lieber dort! (*sagt´ ich, ich wusste nicht,*
was los da ist, begreifen konnt´ ich nicht, ja heut noch frag ich mich...
und weißt, der Kinder Jammer…)
Nicht!
Ihr Schrei
„Oh…Nicht!"
Der Kinder Trotz
Oh nicht!
Geht spielen (*sagte ich, ich bat sie*), bitte! Steht doch nicht mehr hier!
Du auch, geh Flins!
Nichts hören wollte sie!...
Dann deren Starrsinn, die Kinder haben´s ja oft.

Wir wollen aber hier spielen! Im Schatten spielen wir!
Im Schatten! Im Schatten wollten sie...
Im Schatten?
Ja, im Schatten, im Schatten stehen wir.
Im Schatten ist es kühl und auch die Sonne blendet nicht.
Ihr steht doch in der Sonne hier!
Komm mit (*sagt Flins*)! Wir gehen an den Gjoll! Der fließt so wilde dort.
Und zeigte in den Park, wo er an den Zypressen heute läuft.
Doch damals, weißt du, damals stand im Park,
ganz nah am Ufer, der alten Trauerweiden eine Reihe da.
Bleibt lieber (*sagte ich*), bleibt lieber hier, kommt!
Ich weiß ja nicht...nichts mehr weiß heute ich. Dann sagten sie...
Die Sonne steht im Schatten. Im Schatten weht der Wind.

Im Schatten steht die Sonne... im Schatten, meinten sie...
Der Wind?... Es ist doch still, so still war´s lange schon, schon lange, lange nicht!
„Es ist so dunkel! So dunkel war´s noch nie! (*schrie sie erneut*) Macht Licht!
Macht Licht!"
Ihr Zweifeln, ihr Verlorensein, ich weiß nicht, was war dies...
Sie schrie und schrie...
„Oh...Nicht! Oh nicht!..."
Und dann der Wind, nun... Wind...
- Was war´s? ...Ach ja! ... ja, sicherlich... - ja sicherlich der Wind...(*so dachte ich*)
Wir dachten da, tatsächlich, ja, da wäre es der Wind, wobei doch diese Stille...
Und als wir standen da, wir standen allesamt,
so kommt der kleine Flins und sagt,
wie er so eben ernst nur sagen kann,
er sagt:
Wir gehen in den Park. Die Oma spielt nun mit.
Sie sagten „Oma"... Es war so still... Da sagte ich...
- Es ist so still... so still wie nie zuvor!
Ich fragte:
Oma?
Und als die Oma in ihrem Weidenschaukelstuhle lag, dann sah ich nur das Tor...
da sah ich es und fragte Flins:
Wer öffnete denn wieder unser Gartentor?...
Du weißt, da er da immer Unfug trieb...
Ich fragte ihn...
Indes die Kinder Hand in Hand zum Spielen schickten sich.
...
Und als ich fragte noch,
da legte jemand seine Hand an meine Schulter schwer,
so schwer, als wenn du einen Korb voll Steine trügest, mehr...
Als wenn du einen ganzen Berg, voll Schnee,
unter Lawine liegend, spürtest...
Und es tat so weh, so höllisch, mich durchbohrend,
bis ins Mark,
so dass ich fast umfiele, ja...
ich weiß, ich dachte auch, es wäre wieder sie,
die alte Wunde, welche tief im rechten Arm seit Jahren sitzt.
Ich schrie nur:

Oh!
Da war es Hela, die grade eben kam.
Nun... kam...
Du weißt, die damals an des Vaters Grabe
so seltsam weiß und schwarz gekleidet stand.
Ich kannte sie so richtig nie.
Und wenn sie kam,
so nur für einen Augenblick.
Sie führte dann die Mutter an der Hand,
um gleich mit ihr im Garten zu verschwinden.
Von oben sah ich sie, wo ich am Fenster stand.
Ich sah, wie sie das Tor, das sonst so träge ging,
mit einer Hand, so leicht und ohne Eile, schließt,
während die andre die Mutter wie ein Schraubstock hielt.
Die Mutter sagte aber nichts und ging,
wie wenn sie Helas Stimme ganz ohne Worte führt...
Und nun...
Sie sagte mir,
ja seltsam ruhig sagte dies, fast froh:
Na sieh, jetzt ist doch wieder zu, das alte morsche Tor!

...

Ich lag in einem Grabe so lange ohne Träume,
mit ihrer kalten Wange küsste mich des Leides Nacht.
Ich wollte schreien, doch des Atems längst beraubt
nur keuchte ich im namenlosen Schmerz zerronnen.

Und meine Glieder, so kalkweiß, unbeweglich,
der Finsternis bleiernes Kostüm angekleidet,
verwendeten sich im schmerzlichsten Gewühle
der schwarzen Schlangen geköpfter Gorgo ähnlich.

Und jede Ader, die einst die Räume meines Leibes teilte,
stieg jetzt herab in kalter Tiefe Schwärze.
Und tiefer, immer tiefer riss des Herzens Schimmer mit
und linderte des Windes Porphyr schwerer Schmerzen.

Ich ahnte jedes Hauches Schwere, die da, weit oben
auf mein Gesicht perlige Blätter betten müsste.

Ich hörte, wie man jemand neben mir zu überreden suchte,
er solle wohin gehen, sonst werde man gezwungen,
ihn wegzudenken und dieses blassen Mundes Lächeln,
das gestern noch zu dieser Stunde sein rosa Antlitz schmückte.

Dann meinte ich, ein Schluchzen zu vernehmen,
das rechterseits den hellhörigen Boden bohrte.
Ein Schluchzen, lauter Wehmut, die mein Gehirn
mit Schärfe eines Skalpells durchzuschneiden schien,
oh, thronte schon, ehe ich mich umsah,
in jener gläsernen Unbeweglichkeit des Toten,
der doch noch leben wollte und lebte so,
wie die andren der städtischen zügellosen Meute,
wenn eingeengt ihn ziehen durch der Unzucht breite Pforte.

Ich lag in einem Grabe so lange ohne Träume
und nahm ein jedes Schluchzen wahr.
Es war, als wenn der Regen tropft, von oben,
wo es warme Sommer gab.
Wo es Sommer gab und Regen,
wo Nebel sich mit einer dünnen Schleife über Hänge legen,
morgens, wenn die Menschen noch gewiegt vom Schlaf
sich wenden, wie Kinder, welche stillen Träumen ihr leises Wesen spenden.

Ich lag. Ich lag und war, als wenn mich einer plötzlich schreiend sah,
doch stumm da lag ich. Niemand war um mich. Waren es Träume?
Wie? Träume? Träumte ich? - Ach, Träume! Ja, ich träumte, dass man mich
im Grabe liegend sah. - Von oben kam auf einmal eine Frau.

Sie kam und schluchzend einen Rosenkranz mir warf.
Ach, Rosen! Wie duften Rosen? - Weiß ich nicht
mehr; duften sie wie Öle? Welche Öle duften so wie sie?

Nur weiß ich nicht, wie man mich hier legte. Wo es still,
wo es die Stille, Stille gibt, wie man sie nirgends findet sonst,
nicht einmal in den tiefen Höhlen steiler Berge - nicht.

Und dennoch scheint es mir, dass dies ein Traum nur ist.

*

Ich lag in einem Grabe so lange ohne Träume.

- Jetzt träume ich. Jetzt träumt es mir, dass ich erwachte,
und neben mir stand sie, im weißen Kleide stand da sie.
Im Raume hingen Bilder. Der Raum war schattig, dunkel fast war drin.
Ich warf zum Fenster einen hoffnungsvollen Blick. Es grünte und der Wein
hing dunkelgrün über dem Fensterbrette,
tief hing er schon. Es muss der Sommer sein, der Sommer, dachte ich.
Und Sommer sind hier immer doch so warm.

*

Im weißen Hause steht ein Honigglas. Und an den Wänden hängen Kräuter.
Ich war im Haus. War das mein Haus? Es war so ungewöhnlich warm.
Im Garten drehte sich die Mühle und auf der Bank die Kinder spielend.
Ja, es war mein Haus.

Dann plötzlich dieser Schrei. Was war es? Jemand trug
mich blass. Ich lag im Bette
und von der Decke tropfte Wein.
Er tropfte langsam und hinterließ dann einen Fleck auf weißem Tafeltuch,
welches man nur an Feiertagen in der Lade sucht.

O, sag, o sag mir, warum?
Warum ich liegen muss?
So lang, so lang und ohne Rosenduft!

Oh, Rosenduft!
Oh, du, welche mich nie, welche mich nie mehr sehen wirst!
- Nicht hier. Und da?

Wo ´da´?

Das Souterrain

Weder die Augen noch Gesichter kenne ich,
- lediglich Schatten,
die trüb sich in den schwarzen Pfützen spiegeln.

In einem düstren Souterrain inmitten
der Stadt ich lebe,
wo meine Glieder,
in rauer Pritsche Tiefe
somnolent eindringen.

Was ich nur kenne,
sind die anthraziten,
ausgekühlten Nächte,
und Wälder von Kaminen,
die in meinem Leibe emporwachsen.

Ich sterbe jeden Tag,
alleine,
in meinem Garten,
mit Dunkelheit bewachsen.

Im Hypostylon ruhelosen Blutes,
wo jede Säule meines Leides Zeuge ist,
da breiten sich des schwarzen Schwanes Flügel aus
und mit einem Judaskuss
bedecken mein Gesicht.

O phrasenhafte Träume!
Reliefe ohne Formen!
Ihr Spiegel ohne Glas!
O abgestorbene Erde!
Ihr Leute ohne Zeit
zu sterben ...!

DIE LEERE

I.

Warum die Birken nächtens weinen?...
Warum? Man sagt, die Trauerweiden weinten,
und Birken nicht. Ist da ein Grund?
Doch hör′ ich sie, beim sanften Winde schluchzen!
Dann stütz′ ich Arm um Arm ans Fenster, suchend,
die eine, die am meisten weint.
Ich kenne sie, ich kenne auch den Grund
des Greinens. - Es ist des Menschen Herz,
das über Nacht versteinert.

II.

Trochiten, Saurolithen und kleinste Belemniten
liegen da. Sie hatten einmal ihres Wesens Last zu tragen,
- jetzt sind sie Gestein.
Und Menschen, Menschen, Menschen, die stützen sollten,
antiken schönen schlanken Säulen gleich,
- ... nur Sand, der in die Leere zieht,
in jeden dunklen Spalt!
- ... nur Eis, das von den hehren Simen tropfend taut,
und auf der Straße mit dem Kot vermischt aschgräulich fault,
- ... nur Schlamm!

III

Oh, du, Medusenblick, der du desgleichen Menschen Aug′ versteinerst,
komm rasch und schaff ein Haus, das in der Ferne einsam steht.
Tu es, und uns vor unsereins bewahre,
mach das Vergessen zu einem wahren,
zu einem einzig tiefen Heil
Tu′s bald!

IV

Und schau, o du, der du am Morgen deine Lider hebst,
nicht auf die Uhr, die schwer den Trug des Tages trägt.
Leg deine Hand aufs Aug und fühl,
was Milde ist, die kühl sich auf dein Antlitz legt.
Steig tief hinab in deines Blutes Quell,
nimm nichts als dich, nimm keines Wortes Lärm.

Du bist allein, mit deinem Angesicht,
das dich nicht trügt, da es am Abgrund keinen Spiegel gibt.

Marie

Marie! Marie!...
Wo bist Du? Sag mir bitte,
sag, ich hör...
Ich schreibe Dir
den letzten Brief.
Ich schreibe,
ohne einen Stift.

Es ist so kalt, so kalt,
sag mir, Marie,
warum denn ich?...
Warum denn ausgerechnet ich?...
Ich wollte zu Dir
heute Nacht, doch
heute kamen sie.

Ich schreibe Dir, Marie,
und habe keinen Stift.
Ich schreibe Dir den Brief,
und niemand nimmt ihn mit.
Wo bist Du, sag,
ich höre Deinen Schritt…
Ich höre Dich, Marie,
die Du in diese Stille kommst
und hebst sie dann empor,
und lachst wie einst mit mir
und schaust wie nie zuvor…
Wo bist Du, sag,
ich höre, wie Du trittst
und bleibst auf einmal vor
mir stehen, sag,
warum denn ausgerechnet ich?...

Ich höre Schritte, sag
– bist Du es hier?...
Ich höre Stimme, sag,
– bist Du es hinter mir?...
Leg Deine Hände
auf mein Haar wie einst
und drück mich fest an Dich.
Es werde kalt, sehr kalt wohl
diesen Winter, meinten sie.
Bleib noch, noch eine Weile, bleib
und wärme mein Gesicht.

Ich sitze hier und sehe sie.
Es sind wohl fünfzig Zentimeter
zwischen ihnen und dem Brief.
Wer nimmt ihn denn für Dich?
Sie liegen da.
Schau nicht, Marie.
Frag nicht, warum.
Frag nicht, was war.
Lies bitte nur den Brief.
Hör auf das Wort,
das in der Winde Stürmen
an Deine Türen einsam tritt.

Lies ihn, wenn alles Licht erlischt.
Halt ihn, wenn alles dahin stirbt.
Sie stehen hier.
Sie kamen nachts.
Sie kennen Deinen Namen nicht.

Und ich dazwischen,
der ich diesen Augenblick
so nah wie nie zuvor,
Dich fühle, komm,
und birg in Deinem Atem mich.
In Deinem stillen Atem, birg,

den niemals hatten – sie.
Sag, wer sie sind, Marie?

In ihrem Auge spiegelt Schlange
ihr Gesicht.
Es ist ein dunkles Auge, schau,
wie tiefster Meeresgründe Schicht.
In ihren Händen sträubt der Pflug sich wie ein Pferd,
das um des Herbstes späte Zeit die reifen Früchte bringt
und kaum den Wagen zieht und endlich stehen bleibt und wacht
und reißt die Zügel los, und schlägt wie Irre schlagen blind um sich.
Dann wird es mit Gewalt nach Haus gebracht,
um seiner Wildheit willen, doch dies hilft es nicht.
So neigt sich nun der Tag dem müden Ende zu,
doch keine Stille in die Stuben tritt.
Und alle wissen, was am nächsten Tag passiert.
Und alle zittern, wer der erste werden wird,
da nun der Zeit die dunkle Reife kam.
Wer schreien kann, der schreie,
doch dies bringt es nichts,
allein des Herzens Blut,
das nächtens in den Rinnen tropfen hörst.

Ich schreibe Dir, Marie,
Ich schreib′ mein letztes Wort.
Es sind nur fünfzig Zentimeter wohl.
– Es ist vielleicht ein Schritt,
der mich von Deinem Angesichte trennt,
Marie…

Ein Traum

Die Zeit, die müde war,
brach in meinen Händen an diesem Tag entzwei.
„Wisst ihr ... Von weitem komm´ ich, müde,
seht mich, o, seht mich an.
...Ob ich es hörte?“
„Was ist denn? Was geschah?“
„Nun… Es ist nicht alles in Wirklichkeit vorbei.
Drei Tage sind´s… noch… keine Ewigkeit.“
„Was kommt?! Macht die Augen endlich auf!
Es ist kein Traum.
- Der Traum war dort im Garten
schon hundert Mal vorbei.
Mir träumte, ich wär´ allein.
Oh, nein, - es war kein Traum,
obgleich ihr bei mir, scheinbar wachsam, wart.
Ihr wart es nicht? - Ich weiß…,
und dennoch, komm´ ich, seht mich bitte an!
Habt keine Angst! Mich hungert…
Habt ihr denn hier Fisch? Und einen Apfel für mich da?...
Oh nein!... Es ist nicht *dieser* Apfel,
der damals fiel…
nur ein Mal… da, und dann die Angst, die Angst...“
Die Augen macht er zu, dann blickt er wieder auf:
„Ihr braucht nun aber keine Angst zu haben! Seid
doch schon weit, so unbeschreiblich weit…
Ich nehme also Brot und breche es entzwei.
Ihr wisst, ich bin nur kurz… nur kurz…noch da,
habt ihr zu trinken Wasser für mich auch?
Ihr kennt nun also Worte, die von *ihm* sprachen einst,
seit Moses… und bis an diesen Tag, der an euch nun gelangt.
Doch muss ich also fort. Der Weg ist weit, ist weit...
und vor der Nacht muss ich noch
in der Stadt bei allen meinen heute sein.
´Ihr werdet auch noch da...“

Sprach dieses leis´, und sah dann wieder auf.
„Doch habt nun keine Angst, ich bin ja da...
Ich bleibe bei euch, ich bleib für alle immer nah....
Doch nun...der Weg ist weit...ist weit...´s weit...eit..."
„- War es ein Traum?"
„- Wo ist er?...
Nun, komm, die Zeit ist knapp!
Und sag´ doch bitte nicht mehr ´Traum´."
Sprach erster wie gebannt...
„Mach´ die Augen endlich auf!
Es ist die Wirklichkeit..."

Die Sonne ging fast unter, fast unter ging sie dann,
und hinterlassen müsste sie die Nacht,
doch nicht, noch nicht... Sie kam erst später,
erst später kam die Nacht.
Doch noch war Abend überm Lande wach.
Der Weg war weit,
von Stadien vielleicht sechzig,
vielleicht auch mehr, wer weiß,
und dennoch blieb bei ihnen,
die ganze Zeit er *da,*
indes die Ewigkeit
mit Sternenhimmel sich am Horizont
weit über Emmaus zu vereinen nun begann.

Dies war zu jener Zeit, da Träumen wirklich ward.
Doch Träume sind´s nicht mehr, was heute Träumen wär´.
Heut´ lebt man schnell und wacht im Schlaf,
als wenn die Wirklichkeit, die uns zu Träumen macht,
mit uns noch vor dem Abend zählt.

Heut zählt nur Geld. Und Geld hält Träume wach.
Im Wachen Träumen wir, als schliefen wir schon fest.
Und niemand weckt uns auf, aus diesem Ewig-Schlaf,
da jeder für sich träumt, was ihn stets wachsam macht.

Nun schau, was deine Hände tun,
wenn du dich Mal um Mal vergisst.
Gehören sie noch dir?

Es gibt doch einen Traum,
in den du ständig fliehst.
Da sitzt du auf des Berges Kamm
und liest die Verse, die im Träumen
du oft vor deinen Augen siehst.
Du fliehst, und bist noch da.

Merkst du denn nicht,
wie schrecklich bist du wach?!

DER TOD, DEN NIEMAND KANNTE

O, Belladonna, du,
die du des Gartens Schale
mit herben Früchten füllst.
Schütz mich vor ihrem dunklen Aug´!

Du ruhst im Schatten junger Pfirsichbäume,
und in die Träume kommst du nie allein.
Der weißen Mädchen Schar scheinst du
wie ferner Sterne Staub zu sein.

In der Veranda steht ein Honigglas,
woran der Bienen Schar
am lichten Tag sich labt.

O, schau, da du des Wartens
längst gewöhnt, wie man an dir vorbei
ins Licht des Frühlings kommt,
als wenn´s dich nie gegeben;
doch dann zur späten Stunde
steigt der Traum
und füllt des Mädchens Herz
und wächst im Raum,
während des Greises lichter Blick
dich schon erkannt
und sich nicht irren lässt.
So schaut er durch das Fenster,
wenn nun die Morgenstunde zieht
an seinem Fenster fort,
und sieht, wie weiß und rosa, jünger Bäume Blüten
des Mädchens dunkles Haar
so seltsam duftend schmücken.

Wir sind des Ruhens längst entwöhnt.
Wir treten eilig deine Blüten tot.
Wir promenieren in des Lenzes Pracht,
als ob der Kreis, der uns in deine Macht
einschließt, des Himmels Laune wär',
und schauen nichts, und wieder wieder nichts,
indes du sacht das Aug' des Greises schließt.

Im Licht des Abends kniet er da,
gestreckten Halses, grau in grau,
ermattet von des Lebens Müh',
vor deiner Brust, vor deinem Kleid,
die er noch nie erblickt,
und auch nicht jetzt, es ist zu spät.

Gerade blüht der Pfirsichbaum
im Garten noch…
Gerade schaut das Mädchen
in die Ferne so,
als wenn es jemand noch erblickt…

Da gehst du deines Weges schon,
und nur dreht sich der alte Hund noch um,
der sich nie irrt, da der Natur allein er nah
dich kommen und auch wieder gehen spürt,
dich sah?...

O, Belladonna, du,
die du des Gartens Schale
mit herben Früchten füllst.
Schütz mich vor ihrem dunklen Aug'!

O, du, von Ruhe unsrer Eile überfüllt,
in Majestät des Schatten stehst,
mit Hand, die Schärfe der Bezwingung prüft,
wenn sich der Greis in seinen grauen Mantel träge hüllt.
Das Warten? – dies keinen Zweck hat dieser Stund'!

Der Abschied? – es ist schon längst ein Traum!
Als du des Pfades Staub betratst,
da beugte sich des Himmels Bläue nur
noch zitternd an deiner Flügel dunkler Pracht.

War ich denn wach?...
Mir träumte nur?...

Ich singe heut´ von ´edlen´ Leuten,
die sich dem Volk vom Herzen öffnen.
Sie nehmen alles Übel dieser Welt
in ihre gottgeweihte Hand,
die es umdreht,
und auf den Scheiterhaufen der Geschichte legt,
die sie verehrt, in Tausend Jahren noch,
und in die Marmortafel ihre Namen haut,
damit sich jeder, der daran vorbei
in stiller Herzensgüte geht,
bekreuzt und sagt:
Gib mir,
oh, Herr,
gib mir auch solche Kraft!

Wer sind sie?
Wer erkennt sie denn?
Wer sah sie an der alten Kirche gehn?

Ich singe auch
von jenem Volk,
das kniend an der alten Kirchen Pforten
sich ins Gemüt des Pfarrers legt,
der sein Gesicht indes zum Tabernakel dreht
und weint und sieht,
was sie nicht sähen, schau!
Wie ändert sich das Grau
des Himmels, wenn er da berührt
vor Christuswunden dunklen Abends
Kleid zum hoffnungsvollen Blau
des Tages macht und schlafen geht,
die Tore der Kapelle abgeschlossen,
mit sieben Riegeln, auch heut´ Nacht,
damit sich der Dämonen böse Macht,

die hier streifen, in der Müden Tracht,
nicht vor den Altar der Gemeinde wagt!

Wer sah sie nachts vor altem Pfarrhaus stehn?
Wer kennt sie denn?
Wer sind sie?, die, tagaus tagein, mit leerer Hand,
am Waldesrande schlafen gehn?

Ich sah sie heut´.
Ich sah im Regen sie,
die ihre Kinder, in den Lumpenkleidern, zieht,
im Regen, der erdrückt,
mit jedem Tropfen,
welcher Leben gibt und nimmt
und wirft die Müden in das dunkle Grab der Stadt,
die sie nicht kennt und schnell vergießt,
während der Kelch das Blut in fromme Hälse gießt.

Wer war sie?
Wo schläft sie heute Nacht?
Wer sind sie? – die, so überfüllt von Kraft,
die Welt zum Spott der edlen Meute macht?

Im Park

O Schöne, nenn mir deinen Namen,
die du der Frühlingsblüte Botin bist.
Du trägst in deinem dunklen Haare
stiller Nächte Zauber, und deiner Augen
Ruh´ legt an meine Seele sich,
wie des Elysiums Düfte,
- sanft und still.

O wir, die wir, so ephemer und klein,
getragen wie der Blütenstaub,
vom Blatt zum Blatt,
uns wehren im Vergessen
aller Zeit, die kommt und geht,
und nimmt uns mit,
und in die Bücher, die noch ungelesen,
schließt,
während der Erde Kugel
durch des Weltalls Planetarium
schwingt.

Wer sind wir, dass wir,
so, beinah irr, einander scheuen?
Wer gibt uns der Entscheidung Kraft?
Sind wir, wie des schwindenden Neons Leuchten
am Horizonte, blass und kalt?

O Schöne, nenn mir deinen Namen!
Nenn *Deinen* Namen, ohne Eil´ und Hast.
In meinem Herzen seiner Süße Klänge lass erhallen,
bevor des Hades Abgrund mich in seine Tiefe
reißt.

Das Licht

An jedem Montagmorgen gehen Hand in Hand
die irren Mädchen an des Parkes Rand.
Die Sonne hebt gerade sich und scheint
nun durch der Kronen frisches Frühlingslaub.
Da lehnt das eine blonde Mädchen sich ganz vorn,
über die Schulter, die sich
vorne beugt dem Schicksal,
welches, einst von ihnen eingeholt,
nicht ruhen lässt sie, wieder, um die frühe Stunde schon.

Sie tanzen, lächeln, wenn der erste Schrei
der Drossel sie, mit einem Mal,
von allerorts umkreist.
Die Münder weit geöffnet,
schöpfen sie das Licht,
das sie mit Frühlingswärme
Strahl um Strahl umgibt.

Doch kaum der Wind sich hebt
und Äste bösen Schlangen ähnlich dreht,
so laufen sie, erschrocken,
an die Häuserfront ganz dicht,
quer durch den Hain,
der eben sie verriet.

Sie schreien, drehen sich im Kreis,
verwirrt, gehoben ihre dünnen Hände so,
als ob der Wirbel sie von allem Bösen löst,
da er alleine jene Macht besitzt,
um die die Vogelschar lediglich weiß,
die nächtens über ihrem weißen Haus
von weitem kommend manchmal endlos,
scheinbar unermüdlich, kreist.
Und wenn der Mond sein Licht

dann über schmale Fenster der Abteilung wirft,
so glaubt man gar, es wär´ ein Zirkus,
in dem der flinke Magier des berauschten Mädchens
angespannte Sinne prüft.

Und nun ist´s Licht, das alle sie verband.
- Sie bleiben stehen, mitten auf dem Platz.
Im Schweigen zelebrieren sie ihr Fest,
das sie alleine über alles hebt,
was anders ist,
als ihre Montagswelt.

Der Morgen

Die Stunde naht,
die uns zu Sklaven macht
der eigenen Gedanken,
an die man noch nicht glaubt,
noch nicht…

Doch hebt sich kaum
der Morgenröte wellendes Gewand,
wird man gehetzt
und schwindet in dem Brand
der Masse, die sich hebt und wellt,
gleich einem Meere,
dessen ungezähmte Welle
unter das Deck des Schiffes plötzlich drängt.

Der Zauber platzt.
Die Lieder werden fad,
und schon befangen stirbt
des Wortes stille Kraft.

Wie weit der Rand ist also,
an dem sich das Gesicht zerschlägt,
der dich zerstört,
bevor der Sonne erster Strahl
dich seine Wärme fühlen lässt?

So schaff die Welt in dir!
– die niemand′ Auge kennt,
die du betrittst, allein,
wenn auf des Himmels Zifferblatt
die blaue Stunde schlägt.

Nun bist Du der, der Ruder der Vergänglichkeit
in seinen Händen,
augenblicklich,
hält.
Fahr rasch! Sieh zu,
dass dich dein schwacher Blick
nicht mit des Stromes lockendem Gesang
ans dunkle Ufer bringt,
das nicht Elysiums und nicht Hades´ Klippe ist,
sondern ein Land, das niemandem gehört,
in sich allein, und still, und doch in dieser Stille
deine Sinne irrt.

Da der, der wacht, steht stets allein.
Du warst im Traum, so nah, fast da,
und nur der jähe Ruf des Morgens dir
aus deinem Schrecken half.

Die Stunde naht!
Fahr rasch! Sei wach!
Betritt die Auen nicht!
In deinem Kahne bleib,
solang des Dunkels Macht
in den Kanälen schmaler Gänge dich,
in jenem Traume eines bleiern´ Wachens,
so ratlos, fast wie eben erst erwacht,
vorbei am Leben ziehen sieht.

Und wenn du einem Nordlicht gleich
unter den Lidern eines Morgens
weiße Streifen siehst,
steh auf und geh.
Was war, ist lange her.
Streck deine Hand zum Licht
und frag nicht, was es ist.
Frag nicht, ob dies ein Traum,
der an des Himmels Saum

gleich Wolken
über deinem müden Haupte zieht.
Schließ deine Augen nun und schau,
wie niemand schaut.
Fühlst du, wie Wärme dich umhüllt?

Was war, ist lange her.
Jetzt bist du der,
der fühlt.

DER NÄCHTLICHE ZAUBER

Des Abends schrille Stimmen
vereinen sich unter der Altstadt Baldachinen,
wenn letzte Menschenschatten
am Fuß des Schlosses schwinden.

Nur sie kommt immer wieder an den Tisch,
und grüßend reicht die blasse dünne Hand.

Doch plötzlich wird es so, als wenn die Nacht
in ihrer Stille, dieser Stimmen ungezähmte Kraft
- mit einem Mal -
dem Dunkel schmaler Gassen anvertraut.

Das Kerzenlicht wird in den kleinen Fenstern
wie Neonleuchten zu einem bunten Karmesinenfresko.
Ein Hund läuft an dem alten Brunnen schnell vorbei
und jemand schreit durchs Fenster weit,
doch hört man nur noch
in der Ferne ein verirrtes Echo.

Und dann wird´s stiller, immer stiller,
bis sich der Mond erhebt und leuchtet
über das alte Messingdach des Schlosses.

Weit auf der Brücke sieht man noch die Droschken,
und Nebelschwaden, die vom Wasser kommen.
- Dann plötzlich steigt ein Kranich hoch,
doch gleich darauf verschwindet er erschrocken,
um seinen Schlaf, der in des Schilfes dunklem Haar
so jäh war unterbrochen, vielleicht bis in die Morgenfrühe
noch einmal zu erproben.

Und noch ist sie, die letzte dieses Nachts, vielleicht,
die kommt, mit ihrer blassen dünnen Hand
vom Schatten auf uns zu und schaut,
wie niemals jemand schaut,
dann geht sie fort,
wie sie so eben
kam.

Der Abend

Als sich der Abend neigte
vor Scham errötend, still,
da seine Braut, die Nacht, ihn ansah,
zum ersten Male wie
sie es noch nie *so* tat,
dann wurde ihm mit einem Male,
als strömten durch ihn durch
die ersten Sonnenstrahlen
die Adern lichterwelker Gassen hoch,
in welchen er vergaß beinahe schon,
was Wärme hieß.

Du standst vor mir,
unter Neonen blauem Licht.
Du warst´s, die ich in meinen Träumen fühl´,
die ich erschaffen muss, um nicht zu sterben, sieh,
wie meines Herzens Ruf in deinen Händen schwingt!

Als sich der Abend neigte,
da standst du vor mir, du,
die ich in meinen Träumen suche,
dich Nacht für Nacht erschaffen muss,
dich atme, wie des Frühlings Hauch das junge Laub:
Nun schau! Ich stehe vor dir, ganz allein,
so still, wie du es bist. Siehst du mich nicht?
Wer träumt?
Träumst du?
Träum ich?

Als sich der Abend neigte,
da schlief ich plötzlich ein.
Es war, als wäre ich ein Baum,
der einsam in der Aue steht.
Und dann der Schlag!

Ich fiel zu Boden!

Schau!

Ich fühle meine Hände nicht!
Ist es ein Traum?

„Steh auf!“, sagst du, „Steh auf!“
Ich stehe auf.
Du bist ein Baum.
Ich öffne meine Augen
und vor mir steht ein Haus,
daraus ein Mädchen zu mir kommt,
in Weiß gekleidet, stehen bleibt und sagt:
„Steh auf! Steh auf!“
Ich stehe auf und bin ein Baum,
der in der Aue herbstlich graut.

Ist es ein Traum?
Träum ich?
Träumst du?

Du stehst vor mir wie einst.

Der Sonnenuntergang

Am späten Abend, wenn der Tag sich über ferne Silberteiche langsam legt,
durch weite Meerestiefen zieht der Sonne Schleier sich einher.
Noch sind die Wolken durch die Glut im Brand
des Wassers tausendmal entfacht, als dann
am Himmelsrund ein Sternenkreis
erscheint.

Schau nur, wie durch die Priele der Seelentang in Meere wellt,
zieht die Erinnerungen mit sich, wo des Tages Harm es quält.

Oh sei, wo nichts Bestehen hat!
Oh, trübes Leben, wenn des Herzens Glut entfacht!

Und dann die Nacht! Sie kam so plötzlich, rasch
der abendliche Zauber barst.
War dies, was Menschen nennen Trug?

Wer trügt uns denn? Der Götter Laune? Tu,
als wenn es keinen über deine Sinne gäbe,
der dich in seinem finstren Tage fesselt.

Nichts hat Bestehen außer dir und mir,
die wir uns einst begegnet sind, wie Sterne,
deren Licht einander trifft.

Nur ich und – Du, sonst nichts.

Ein Augen-Blick

Es war am Kai, als ich dein dunkles Haar
im Winde wellend vor mir plötzlich sah.
Sag, wo du bist! Ich geh´ in meinem Traum
den Weg am Strande Nacht für Nacht allein.

Du gingst vorbei. Dein Blick. Dann Menschen,
Menschen, Sonnenschein und ich,
der deiner dunklen Augen Zauber
wohl nie mehr sehen wird.

Ein Tag, der ohne Dich zu Ende geht,
gleicht Ähren, welche für die Ernte
ohne Samen stehen.

Dereinst saß ich im Garten, der am Waldesrand,
vergessen, unter dunklem, schwerem Himmel stand.
Ein voller Reife roter Apfel fiel. Ich tat, als hörte ich ihn nicht…

Die Klage

In meines Schicksals Last
vergießt der dunkle Gott
den Schierlingsbecher. Schau,
welch Hast in seinen Händen wohnt!
Zu spät für Klagen. In deiner Kammer sei
für alles Notwendige bereit, und atme tief noch ein, nochmals,

bevor des Morgens Glut, die deines Herzens Klage trübt,
dich aus der Schale deiner Träume reißt.
Wo alles schon bereit
am Rand des Weges stand,
da schlich in deine Fülle
der ungetane Tag sich ein.

Sie kam und schaute,
als deiner Sinne Ringen sie beschwor.
Wie niemand zuvor schaute sie,
indes dein Ruf in Minos´ Reiche sich verlor.
Es schien, als ob die Zeit am Urbeginn erstarrte.

Es war, als füllte sich ein Fass
mit dunklem stillem Weinen, als hätte man Endymions Nacht,
die vielen Träume in der Wirklichkeit der Schatten,
zu *einem*, fassbaren, gemacht.

Jetzt ist es alles still.
Des Scheols Schweigen bricht entzwei das Licht,
sobald der Sonne Strahl vom Meer erhebet sich.

Und plötzlich in der Ferne kräht ein Hahn…ein Hahn…
Am Wegesrand wächst Anemone dann und wann...
Und du, Selene, komm und schweig.

Des Bootes Ruder, welch am Ufer deiner harrt,
ergreif. – Die Zeit ist reif.

Am Markt

Nie sah ich dich so nah wie jener Zeit.
Und doch so weit von mir, zu weit für zwei,
zu weit für eine ganze Ewigkeit.

Es war am Tag, da sich der Abend über Skåne sachte bog,
der Möwenschrei am Kai die Sinne wiegend trog
und du vor mir, dein Blick, der alles Fertige besiegt.

Wenn meines Auges Licht sich einst am Saum des Tages trübt.
Wenn alles durch mich durch fortgehen wird, dann bleibst nur du,
mein Traum. Ein Traum von Ewigkeit für zwei.

Indes türmt sich der Wind bereits. Der Vogelschwarm hebt auf und malt
mit Flügelschlag den Himmelsaum in Schwarz. Und ich, allein,
mit Blick ins Ewige gewandt. Bist du es, die ich ahn´?

Bist du es, sag! Ich muss nun fort. Man spielt zum letzten Mal am Markt.
Die Hände täuschen, was des Auges Licht nicht sah. Ich geh´ daran vorbei.
Ich geh´ und weiß, dass wir uns schauen einst. - Wo es auch sei.

Wo es auch sei. Sei es im Traum.
Im Traum von Ewigkeit.
In Ewigkeit allein.

Ich sah dich einst.

AUGEN-BLICKE

Der Tag verging, so trostlos, ohne Sinn und Zweck.
Ich hörte meines Herzens dumpfen Schlag dann Schritte,
Schritte, Schritte über mir und plötzlich einen Schrei inmitten
sternenloser Nacht. Ich wache auf. Mein Traum und Schreck.

Ich liege und mein Bett, inmitten dieses Schreis.
Ich stehe auf und bin am Kai. Im Wasser spiegelt sich das Blau
des Himmels, Möwenschrei und weit am Meeressaum
der Segel weiße Schar. Vor mir ein Wasserkreis.

Sie steht bei mir, als ob im Traum, und reicht mir einen Stein.
Ich nehme ihn, mein Wurf, ihr Lachen, mein Verlorensein und Leid.
Ich wache auf, allein. Mein Körper dicht am Fenster, ein weißes Schwesternkleid.

Jetzt ist es nur die Qual. Gelähmt und dennoch völlig wach
zu fühlen, was vergeht, zu schauen, was entfacht.
Und ich. Wer? Ich? Ihr Blick. Die Augen, die ich sah.

Gefangen in der Welt, die mich vergaß,
dich sehen in Bewegung Tag für Tag, erwacht
dich schauen jung und blass, dein Mund, der lacht,
dein dunkles Haar, mich streifend fast!...

Gefangen und doch wach. Im Wachen matt wie Staub.
Ein Sternenkreis am Himmel, ein weißer Krankensaal,
der mich zerdrückt. Auf meinen Händen nachts des Gitters Stahl.
Wenn ich erwache auf dem Bettdeck späten Herbstes Laub.

Ich schließe Augen. Wieder bist du da, bei mir am Kai.
Ich fahre durch den Saal. Dann Lichter, Stimmen, Schrei
und eines Kindes Aug′ in meinem Aug′. Sein Lachen, sein Verlorensein.

Jetzt ist es alles gar wie damals, als du kamst, im Mai.
Der Tau auf deiner blassen Haut, das rote Heidekraut und Sang,
der in der Ferne sich verliert. Ich stehe auf und sehe dich im Gang.

Dies war ein Traum, an den zu denken nie vergaß ich.
Während der Tag sich sachte seinem Ende neigte,
die Teiche wurden blass,
da tat ich, als wende ich des Buches letztes Blatt.

Jäh war ich ganz allein im Dunkel, das mich nahm,
da ich der Welt den Sinn verloren, in jene Gegend kam,
in der kein Lärm, kein Blätterfallen mich umgab und nicht ein Stein,
nicht deine blasse Hand, die mir zum Abschied winkte einst.

Wie lange war ich da? Gott weiß, was mit mir nur geschah!
So lief ich blindlings vor mich hin und fiel mit einem Mal
noch tiefer in der Erde Schlund.

Ich schrie!
Ich schrie!
Ich schrie!

Doch niemand hörte mich! Ich stürzte tiefer, immer tiefer,
dann – der Fall! Und plötzlich: deine Hand!
Ich fasste sie. – das Licht! Ich saß am Fensterrand.

Heba

Es war der Tag, als sich der Sonne Rund
über der Stadt im Norden sachte legte.
Ich kam, so müd´ gerade eben und
da sah ich dich am alten Fluss, dein glühend´ Mund,

dein Lachen, ungezwungen, frei,
und deiner Augen Dunkel unbeschreiblich tief,
das mich, wie einst Madonnenblick, beinah entzwei
vor Scham am Basilikaboden riss. Da war Passion, der ich entlief,

so dachte ich. Ich Narr. Und nun? Allein... und du für immer – da,
mit einem Wasserkrug, mit Pyramiden-Blau,
und Palmenfeldern, Pharaonengold und Staub
mit Kinderschrei und Hundgebell am Kai.

Was tun? Da sich des Windes Sturm erhebt bei Nacht!
Ich mache Fenster auf so rasch! Bist du´s?, die in der Ferne lacht?...

Ein Kuss

So bin ich in die Nacht hinausgegangen,
mit meinen Sinnen, die mich führten in der Kühle Pracht.
Ich stand und schaute, wie die Nebelschwaden sich verwandeln,
und einen Schleier um der dunklen Rosen Blüten wanden.

Es war, als öffne sich mit einem Male,
ein Raum vor mir, in den ich, mich verlassen,
ging. Ich ging hinein und blieb, wo Leben ´preisen´ hieß,
wo ´schauen´, trat ich vorwärts, in den hellen Raum um mich.

Ich schaute dich.

Die Nacht verging, so sagte man, in seltsam dichtem Nebel,
und der Laternen Schein verwob sich darin, wie eines Kindes
unerprobte Hand. Erst gegen Morgen schwand mit Regen sein Gewand.

Ich lag und sah, wie man mich wecken ließ… und… ließ…
Mein Antlitz „blass", so hieß es, „lasst seine Hände fühlen nun!"
„sind kalt!" – des Arztes Urteil hieß. Dann Weihrauch, Kerzen, Schluchzen:

Stille.

Ich schaute dich.
Ich lag und Du vor mir.
Indes ein Kreuz auf meine Lippen legte sich.
Ich fühlte es.
Ich küsste –
dich.

Wandlung

Gestorben bin ich, Gott, vor hundert Jahren
und komme zu dir jeden Tag, alleine,
ob dein Erbarmen sich in meine Seite
wendet.

„Du bist noch nicht vollendet“,
lautet dein Gericht.

Ich stehe auf und gehe
in der Zypressen fernes Land, wo Fels auf Fels,
wo Baum im Schatten deines Angesichtes stehen,
wo lautes Flehen in die Ewigkeit aufsteigt,
die wie des ersten Tages Windhauch
des Meeres weiße Glut umkreist.
Ich tu´ mein Bestes!
Schau!

Bin ich der Letzte, den du schufst?
Ich höre meinen Namen im Buche
deiner Seelen hallen, das schwer ist
wie dein Blick. Ich sehe nichts.
Ich schaue!

Indes der Rand der Schale sich mit meinen Träumen füllt.
Ich sah die Tür, die jemand vor mir schließt.
Warst du es? Sag! Wie lange willst
du schweigen in der Nacht,
die meiner Sinne Kraft
umhüllt?

Ist denn Geduld dein zweiter Name? Sag!
Ich tu´ mein Bestes!
Schau!

Ich bin allein mit meinem Wort,
das mich betrog. Du schwiegst,
als ich es sprach. Ich lachte wie nur
einer lachen kann, der seines Lebens
Licht verlor und schließlich fällt umnachtet
aufs Gesicht, das längst nicht ihm gehört,
dann schaut mit seinem weißen Auge wieder auf,
wie Irre schauen, wenn sie meinen nun,
von ihrem Schicksalsfluch
Orestes gleich befreit zu sein.
Ich tu´ mein Bestes!
Sieh!

Erkennst du mein Gesicht?
Nun bin ich nicht derselbe,
der einmal in der Wiesen Schein
der Mittagssonne Strahl
und seiner Leier Klang
genoss.

Ich bin allein, und ohne nur ein Wort
durchstreife ich des Hades Schatten. Komm,
und schau mich, wie mich einst des Vaters Hand
im Dunkel meines Zimmers zitternd einsam fand!
Ist es zu viel verlangt?

Jetzt tue ich, als wenn ich Augen schlösse,
und wenn ich meine Lider heb´,
verlier mich, oder öffne
des Paradieses Tor!

Ich bin ganz Ohr!

Wie ungeboren

Wie ungeboren und doch der Welt schon preisgegeben!
Die Tage schlendern langsam wie ein Pfau
Und unterm Himmelsrund mein Traum.
Träumst du es auch?

Ich träume jeden Tag, ich wäre glücklich gar.
Mein Weg führt mich durch einen alten Park,
Darin die Stimmen zu vernehmen sind:
Weißt du, wer diese Stimmen sind?

Ich setze mich auf eine Bank, allein.
Vom Himmel tropft das Glühen,
doch der Blätter Schatten fängt es auf.
Gedenkst, wie nah wir aneinander warn?

Wie ungeboren und doch der Welt schon preisgegeben!
Ich kehre heim, ins Nichts, das mich gebar
wie Adams Blick, der einst sich *der* Entscheidung wand´.
Wenn du mich suchst, *bin* ich, im Spiegel *deines* Augs.

Die Stille

Die Stille hat die Nacht geboren,
bevor der erste Atem sie entzweite.
Zu schnell ging alles dann, als dass man meinte,
rückgängig machen diese erste Tat.

Doch selber Nacht, die in das Morgengrauen ging,
erhob sich von dem Erdenrund ein Nebelschleier sacht´.
Der Schöpfer, der es sah, gerade erst erwacht,
entzückte sich an seinem Werk, und sagte: Seid!

Sogleich enthüllte langer Efeuschlangen Blatt die Sicht
zum Garten, darin ein Baum mit roten Früchten stand.
Im Schatten, neben *ihr*, saß *er*, gespiegelt
im großen schwarzen Natterschlangenaug´.

Und alles, was er tat, war nur ein Abbild, dessen Kraft
nicht mehr in seinen Händen ruhte.
Er kam zu ihr, als sie noch schlief und schaute,
wie ihre Augen sich im Traume unaufhörlich rührten.

Im Traum? Was ist es: „Traum"?
Da hörte er die Worte, die seines Schicksals Lauf
besiegeln sollten. „Wer sprach denn? Warst Du es? Sag!
Wer war´s, welch´ Flüstern ich vernahm?"

Doch lag die Stille in den Lüften noch.
Als sie erwachte, ihre Lider hob.
Da fragte er, was dies in ihren Augen war,
das sie bewegen ließ, ununterbrochen, fast die ganze Nacht.

Sie sagte: „Schau!, siehst du den Baum?
Ach, wenn ich *eine* Frucht, nur eine, von diesen vielen hätte,
dann wüsste ich, was in mir heute Nacht geschah.

Es war, als wäre ich allein. Und plötzlich diese Stimme."
„Die Stimme?" – fragt er dann. „Ja, ich hörte sie so klar,
als wenn in mir, in mich, anhaltend etwas spräche.

Und nun die Ruh´ ist fort!", sagt sie und hebt zu ihm die Hand.
„Gib mir, o gib, was du doch auch begehrst allein!"
Er schaut und sieht vor sich den Baum, der in der Mitte
die roten Früchte trägt, steht auf und streckt hin seine Hand.

Es war, als täte sich der Boden mit einem Male auf,
darin ein Schlund voll Schrei und Schlangenköpfen wäre.
Er macht nach rückwärts einen Schritt doch dann,
stürzt er mit ihr ins Dunkel uferloser Meere.
Die Zeit blieb stehen wie der Atem, der in den Schmerzen
sich vergaß. Kein Ende nahm der Fall, bis endlich dann
der beiden nackte Körper ein dunkler Wald gebar.
Sie standen auf und spürten: Es war kalt.

Es war so schrecklich kalt, wie nie zuvor,
ja nie verspürten sie so etwas noch, wie dieses hier,
dabei ihr Körper, ganz im Blute, Schmutz und – nackt.
Was war´s, das „vorhin" war? Sie horchten, doch die Stille war nur da....

Und nur des Waldes Rauschen sprach zu ihr, zu ihm,
die sie inmitten einer Welt verloren, in der die Zeit
nun vorwärts Tag um Tag vor ihren Augen ging.

Und jeden Tag, der sie aufstehen hieß, war trüb,
war trüb und kalt. Und nur im tiefen Schlafe war es hell.
Und nur im Schlafe war es grell, beinahe so, als wenn der Mittag
überm Garten stünde. Doch dies kam nur, weil sie so müde waren.

Und müde waren sie, weil ihre Hände zu entfremden sich begannen,
und taten, was zu tun sie nie gedachten. Und Worte kamen,
die sie nicht verstanden, denn Worte waren wie die Tiere, wild,
sie wachten auf und sprangen sich vor Hunger ins Gesicht.

So schauten sie einander an und gingen jeder in sein Tal allein.
Die Tage kamen, ohne Sinn und Zweck. Die Nächte gingen
ihren dunklen Weg, auf dem sie einsam unterm Mondschein standen.

Und erst als sie verstummten im namenlosen Leid,
durch Wälder irrend, kam der Sinn und Geist.
Er kam im Traum wie einst, der andre, doch diesmal
schenkte keiner in seiner Bitterkeit ihm Glauben.

III. Abteilung

Dramatische Skizzen

Der Vorfrühling

Eine dramatische Skizze

Personen:
Der Greis
Die Nachbarin

Ein kleines Dorf, gelegen in einem Tal. Es ist ein sonniger Vorfrühlingstag. Alles fängt überall an, langsam zu grünen. Ein niedriger Zaun trennt die beiden Gärten. In einem davon, in dem der Greis gemächlich arbeitet, steht ein ausgedienter Weidenschaukelstuhl. Er ist mit einer roten Wolldecke über die morsche Lehne und den allzu harten Sitz fast bis zum Boden überzogen.

Der Greis *(gebeugt beim Laubsammeln im Garten. Zu der Nachbarin, die gerade in den Garten gekommen ist).* Ein schöner Tag!... Dennoch: Altwerden ist anstrengend. Ihre Eltern wissen es. Andere haben es hinter sich gebracht. Wir werden es auch.

Die Nachbarin. Ja, ein schöner Tag. Doch vom Westen ziehen langsam die Wolken auf. Habt Ihr es gesehen?

Der Greis *(ohne es gehört zu haben).* Ja, ja, wir werden es auch hinter uns bringen, wir auch…

Die Nachbarin. Habt Ihr gehört?

Der Greis. Was denn?

Die Nachbarin. Man schleift die Messer und Sensen in der Schmiede.

Der Greis. In der Schmiede?

Die Nachbarin. Ja.

Der Greis. Aber warum schleift man denn die Sensen im Frühling?

Die Nachbarin. Man sagt, es sei ein neuer Schmied gekommen. Man hat ihn aber noch nie bei Tageslicht gesehen.

Der Greis. Noch nie gesehen? Nun…ich bin nur selten draußen auf der Straße…

DIE NACHBARIN. Es ist schon seltsam, dass man den ganzen Morgen die Messer und Sensen schleift, wo es doch die Bauern nicht bestellt haben. Wer soll denn so viele Messer bestellt haben?...

DER GREIS. Es muss wohl an seiner Art liegen.

DIE NACHBARIN. An seiner Art? Hm, vielleicht habt Ihr Recht. Der Stahl muss vom Besten sein. Hört Ihr denn diesen durchdringenden Ton?...

DER GREIS. Ja, und dazwischen die lange Stille, als wenn er die Schärfe auf die Probe stellt.

DIE NACHBARIN. Gut möglich. Jetzt schleift er wieder. Alle Vögel sind im Garten verstummt.

DER GREIS. Und dieses Schleifen…

DIE NACHBARIN. Jetzt höre ich wieder die Vögel… Ich glaube, sie haben sich inzwischen an diese Geräusche gewöhnt. Das geht doch jetzt so seit einigen Tagen…

DER GREIS. Ja, die Vögel, Ihr habt Recht. Und dennoch scheint es, als ob die nahende Dämmerung ihre verborgenen Instinkte auf eine seltsame Weise über sie wachen ließe… Die Natur lebt ihr Leben, an dem wir lediglich streifen… Uns scheint, wir wären Meister im Umgestalten, dabei sehen wir nicht weiter als unser Augenlicht, das doch alleine allzu oft trügt… Schaut Euch aber die schwarze Amsel an, wie sie das alte verwelkte Laub zur Seite wirft, unermüdlich, Schritt für Schritt… Sie ist es, die uns das Wahre im Leben lehrt… Schaut Euch nur ihre Bewegungen an, keine ist überflüssig, keine übereilt… Zielstrebig führt sie sie aus… Und wir?... Kaum haben wir angefangen, das Leben nur ein wenig zu begreifen, schon ist es so weit… Wenn wir nur einen Augenblick lang stehen bleiben, die Augen schließen und unseren Herzschlag hören könnten, wären wir womöglich nicht mehr dieselben… Unsere Jugend reißt uns mit wie ein Flussstrom und wir denken, es wäre ein Abenteuer und es ist stets zu spät, wenn wir seine Gewalt einsehen… Man möchte aufhören, aber das schäumende Element hat schon längst entschieden und wir gleichen rollenden Steinen, die das Wasser, in dem wir eingetaucht nicht einmal die Kontrolle über unsere eigenen Hände haben, nach seinem Belieben formt… Ja, aber dieser Frühling… Trotz Sonne fühlt man sich recht schwach. Man wird alles das womöglich bald hinter sich bringen müssen… Alles fällt mir so schwer…

DIE NACHBARIN. Ihr seid alt. Ihr müsst Euch schonen. Diese Gartenarbeit überanstrengt Euch nur... Gott, dieses Schleifen!... Es hört wohl nie auf!...

DER GREIS. Es scheint, als ob es sich entfernte. Es wird leiser, desto andauernder aber… immer länger…

DIE NACHBARIN. Ich habe noch nie jemanden so schleifen hören…

DER GREIS. Ja, er muss wirklich von weit her gekommen sein... Unser Ohr ist daran nicht gewöhnt…

DIE NACHBARIN. Seit unser Schmied gestorben ist, ist auch alles anders geworden… Man hat zwar stets auf ihn geschimpft, die Messer brachte man gar zurück… Doch der neue Schmied…Gott, verzeih′ mir die Lästerung… Es ist alles noch schlimmer geworden…

DER GREIS. Warum klagt Ihr denn?...

DIE NACHBARIN. Man erzählt, die Messer und Sensen seien so scharf, dass die leichteste Berührung gar das Eichenholz entzweie. Man schneide sich immer wieder daran und die Blutungen seien nicht mehr zu stoppen… So ist ja, Ihr wisst doch, den letzten Sonntagabend die Wirtin Oona verschieden, die das Mahl für die Gäste zubereitet hat. Sie soll zu eilig nach dem neu geschliffenen Messer gegriffen und sich daran schrecklich geschnitten haben… Der Arzt sei dann zu spät gekommen, da habe sie schon voll Blut auf den Brettern gelegen und ihr Augenweiß soll gar nicht mal mehr zu sehen gewesen sein… Sie habe wie eine Wachspuppe gelegen, von allen Fäden gelöst, als hätte man sie mitten in der Aufführung mit *einem einzigen* Schnitt getrennt!... Ihr kennt doch das Weihnachtsspiel, Ihr wisst, wie das mit den Puppen so ist…

DER GREIS. Ich weiß selbst nichts mehr… Ich glaube, ich gehe lieber unter die seltsamen Pflanzen, die mir mein Sohn von seiner weiten Überseereise mitgebracht hat… Sie nehmen mich auf, ohne zu fragen… Ihre Blätter sehen aus wie meine Haut… Man fühlt sich unter seinesgleichen, wo mich doch das Alter jeden Tag an sich erinnert… Man möchte sich am liebsten hinlegen und einschlafen, für immer… Man ist allzu müde, um alles das um sich noch zu ertragen. Als ich jung war, da haben mich die *Dinge* berauscht… Sie haben mich stets unvorbereitet angetroffen und mich in ihre Gewalt genommen, ohne dass ich mich dagegen auch nur hätte wehren können. Und nun kommen dieselben Dinge zu mir und treiben ihr Spiel mit mir. Und ich kann auch jetzt wieder nichts dagegen ausrichten, kann mich nicht wehren, wiewohl ich auch ihre Niederträchtigkeit erkenne. Es ist immer dasselbe... Der Alltag kennt keine Gnaden… Und wenn ich zurückdenke, so scheint es mir, ich hätte am Leben mit meinen Sinnen nur gestreift… Der Baum war ein Baum und der Sonnenuntergang nichts als eine

Wiederholung… Alles war da und es war selbstverständlich da… Ja, ich kann gegen die *Dinge* nichts ausrichten… ihr Griff war desto stärker, je mehr ich mich dagegen zu wehren gesucht habe… Mir schien, alles wäre nichts weiter als eine zwanghafte Nahrungs- und Verwandlungskette gewesen und nun… nun wird mit einem Male alles nur das, was es ist, kein Phantom… Aber vielleicht täusche ich mich wieder… Wir sehen nur die Wolken, die gen Osten getrieben werden… Wir staunen darüber und es genügt uns… Ich kann mich noch daran erinnern, als ich mit meinem Vater zum ersten Male in unsere Berge ging… Gott, es ist seitdem eine ganze Ewigkeit vergangen… Ich weiß nur, es war einmal… Sicher war es das und vielleicht ist dies das Einzige, was ich nicht leugnen kann… Davor und danach kommen Erinnerungen durch, doch sie sind wie in einen Nebelschleier umhüllt, ganz so, wie wenn man in unser Tal vom Kuuvalo hinunter schaut… Als ich also zum ersten Male unsere Berge erklommen habe, da hat mein Vater gesagt: „Schau nur, siehst du die Schafherden unten am Hang? Sie sitzen hier und da verstreut und genießen die aufgehende Sonne. Sie wird bald den ganzen Hang in goldene Farben kleiden… Die Nacht wird in den Fluss herabsteigen und damit ins Meer fließen, bis an die großen Fjorde… Doch glaub mir, sobald der Hirte erscheint, werden sie alle zusammenkommen, gar die am äußersten Bergrand und vor dem Hirten stehen… Und dieser einzige Augenblick wird ihm mehr bedeuten als alle Sorgen… Er wird sich hinsetzen, seine Augen schließen und das Licht der aufgehenden Sonne wird durch seine Augenlider wie das Schmelzwasser, in äußerste Verzweigungen gelangt, langsam in seine Seele tropfen…“ Gott, ich kann mich heute daran auf einmal erinnern, als wäre es gerade eben gewesen… Man hört schlecht, ja und meine Augen zittern fast ununterbrochen, aber gegen die Erinnerungen kann die Zeit nichts ausrichten… Wenn sie schon da sind, stehen sie vor dir wie du vor dem Spiegel und nur eine schmale unsichtbare Wand trennt uns voneinander…ja, eine sehr schmale Wand… Aber… Hört Ihr das Schleifen?...

DIE NACHBARIN. Ja, ich höre es. Ich habe gedacht, er hätte heute seine Arbeit geleistet. Es kommt einem schon fast sonderbar vor, dass er immer so viel zu tun hat in unserem kleinen Dorf, wo doch fast nur Alte geblieben sind… Ja, die Zeiten ändern sich…

DER GREIS. Es müssen wohl die Aufträge sein von anderswo…

DIE NACHBARIN. Seltsam. Doch ich habe niemanden kommen sehen in den letzten Tagen… Es ist fast, als würde er sämtliche Nägel für unseren Schreiner schleifen… Dieser hätte es vielleicht auch nötig… Schaut Euch nur unseren Zaun an! Alles wackelt, und das beim leichtesten Wind, man braucht gar nicht daran zu rütteln…

DER GREIS. Dabei geht das Leben um uns unbesorgt weiter vor sich... Schaut Euch die jungen violetten Blüten an, die das winterliche Gras von seiner Starre befreit hat. Und doch sind sie in zwei Wochen nicht mehr da...

DIE NACHBARIN. Ich glaube, Ihr müsst wieder ins Haus. Es sieht aus, als wende sich das Wetter... Es wird heute Nachmittag einen Sturm geben, geschweige denn in der Nacht, ja in der Nacht...

DER GREIS. Ja, Ihr habt Recht... *(Er setzt sich in seinen Schaukelstuhl. Langsam wippt er vor- und rückwärts.)* ... Die Stürme waren hier schon immer unberechenbar. Die Berge treiben mit uns, was ihnen beliebt... Doch dieses lang anhaltende, fast ununterbrochene Schleifen... Das Tal kann es fast nicht mehr in sich aufnehmen... Es hallt überall und man fragt sich, was besser ist, der Föhn oder dieses Schleifen... Im Alter verlässt einen das Gehör und man klagt dann, da man den anderen stets zur Last fällt, doch ich fange langsam an zu bedauern, dass ich trotz meines Alters immer noch hören kann, und dieses Schleifen übertönt alles andere...

DIE NACHBARIN. Fühlt Ihr es? Der Wind bewegt sich... Uns streift er nur, doch hoch über dem Tal muss er stürmisch sein. Schaut, wie sich die Wolken zusammenballen... Dabei hätte man gedacht, es wird heute einen schönen Vorfrühlingstag geben... Aber man irrt sich beinahe in allen Dingen...

DER GREIS. Ja, man täuscht sich allzu oft. Man glaubt, den Fisch am Ufer in seinen Händen zu halten, da reißt er alle Schnüre, bricht die Angel entzwei wie einen Grashalm und wir stehen da, voll Staunen, mit weit geöffneten Augen vor dem großen Geheimnis der Natur, in der wir fremd sind, für immer fremd, was auch immer wir täten. Doch ich fühle mich heute so müde, ich glaube...

DIE NACHBARIN. Ihr solltet Euch bei der Arbeit im Garten nicht überanstrengen ... *(Sie schaut den Himmel nun unverwandt an.)* Man sagt, das Frühlingsgewitter bringt dem Menschen und der Natur die Kräfte wieder... Ich kann es kaum abwarten... Es hat so lange nicht geregnet... und auch alle meine Kraft ist in der langen Winterzeit dahin... Man meint, die trübe Jahreszeit hätte uns beinahe um unser Leben gebracht. Schaut nur, der Himmel wird im Westen ganz rot... Aber... Man hört den Schmied nicht mehr... Ich glaube, er wird mit seinem Schleifen inzwischen fertig geworden sein für heute... Man sieht seine Tür weit offen stehen und sich die Dorfleute vor der Schmiede versammeln... Aber Ihr solltet es selbst sehen. Es muss etwas passiert sein... Man hört eben das Schleifen nicht mehr, dabei meinte man gerade eben, er wäre mit seiner Arbeit so beschäftigt wie nie zuvor... *(Sie dreht sich um, schaut den Greis an, wird sprachlos. Seine Augen sind weit geöffnet, sein Blick gleichsam verstört. Er sitzt in seinem Weidenschaukelstuhl bewegungslos, blass. Seine Hände hängen auf beiden Seiten beinahe erstarrt herab. Sein Kopf liegt wie vergraben in der kleinen Hülle links an seinem sehnigen Hals. Der anwachsende Wind bewegt seine aschgrauen Haare hin und her und schleift sie über die Stirn. Die immer dichter werdenden Wolken bedecken langsam das Tal. Stille.)*

Der Gärtner

Eine dramatische Skizze in sechs Szenen

Personen:
Frédérique, Tochter des Gutsbesitzers, noch jugendlichen Alters
Vater Frédériques
Gärtner, gehobenen Alters
Doktor
Dienstleute

Erste Szene

(Die Szene spielt in einem am Atlantik gelegenen Ort. Ein abendlicher Hain, bedeckt mit einem Teppich weißer sternenförmiger Anemonen, in dem sich der Fliederduft erhebt. Ein Vogelsang geht sachte durch die Gärten. Die Wolken hängen schwer über den umgebenden Obstgärten und scheinen eine kühle Nacht zu verkünden. Frédérique, in einem langen grünen Kleid, sitzt unweit des Hauses auf einem langen liegenden Baum. Der mit einer Pelerine gekleidete Gärtner ist niederen Wuchses mit wenigen weißgrauen Haaren, er sitzt in einer gewissen Entfernung von ihr, auf demselben Baumstamm, links von ihr und hält in seiner Hand einen Stock, an dem er die Arme stützt. Sein Gesicht scheint eine unerschütterte Ruhe zu verraten. Seine Sprache ist langsam, ausgeglichen, der Ton halbstill.)

Der Gärtner *(vor sich schauend)*. Wie fängt nur all das an zu blühen, trotz der immer noch kühlen Aprilnächte. Man könnte meinen, die Natur hätte es eilig, dabei ist der Frühling gerade erst gekommen…

Frédérique *(wippt mit den Beinen langsam vor- und rückwärts)*. Sag nur, was ist mit den Birken passiert, die hier gewachsen sind?... Ich sehe nur die Baumstämme... Hat man sie denn ohne Rücksicht auf den Garten gefällt?...

DER GÄRTNER. Du hast Recht. Die Menschen haben es allzu eilig. Immer eilig, und wissen selbst nicht, wohin... Die Bäume hätten ihnen den Blick weggenommen, sie hätten Schatten auf die Terrasse geworfen...

FRÉDÉRIQUE. Seit einiger Zeit quält mich eine vollkommene Leere. Ich fühle nichts, und wenn nicht diese Flieder, die du hast pflanzen lassen, so schiene mir, ich wäre nichts als die Abendluft in den großen leeren dunklen Parken... Manchmal schneidet nur ein Amselsang den Hain wie ein Trauerflor unter dem glühenden Himmelsgewölbe und ein sonderbarer kurzer Schrei eines seltsamen Vogels...

DER GÄRTNER *(zeigt mit seiner Kopfbewegung vor sich)*. Schau nur, siehst du in der Ferne diesen einsamen Baum, der gerade erst zu blühen anfängt?...

FRÉDÉRIQUE. Ja, jeden Abend scheint er mehr und mehr Blätter zu haben...

DER GÄRTNER. Und doch... ist er dem Untergang geweiht. Ich habe gehört wie man über seine Beseitigung spricht. Noch diese Woche wird er brennen...

FRÉDÉRIQUE *(wie wenn kurz abwesend, hebt ihre reche Hand hoch)*. Hör nur! Dieser durchdringende Gesang...

DER GÄRTNER *(zeigt mit der Kopfbewegung in die Richtung des Daches zu seiner linken Seite)*. Ja, schau auf das Dach, ist es denn da nicht eine Amsel?… Meine Augen versagen mir fast schon Dienste, doch mein Gehör ist immer noch scharf, als wenn dafür die Zeit stehen geblieben wäre, manchmal höre ich Dinge, die ich nicht soll… Er kommt hier seit einiger Zeit und setzt sich unerreichbar auf die Dachspitze, auf seinen äußersten Rand...

(Beide beobachten den Vogel.)

FRÉDÉRIQUE. Manchmal denke ich, er wird gleich herunterstürzen… So beschäftigt ihn sein Gesang...

DER GÄRTNER. Jetzt hat er sich wohl umgedreht... Er muss in die Gärten singen. Er hat sich dem Osten zugewandt, dabei ist die Sonne fast gänzlich untergegangen...

FRÉDÉRIQUE. Unruhig ist er. Wieder dreht er sich. Er scheint etwas zu ahnen... Ich weiß selbst nicht...

DER GÄRTNER. Seltsam singt er. Als wenn seine Töne vollkommen durcheinander wären. Man weiß nicht, was ihn lenkt... *(dreht den Kopf um und schaut wieder vor sich)* Wir sind da, um getäuscht zu werden. Immer und immer... Ohne Ende... Durch den Fliederduft, das abendliche Wehen und die ununterbrochen wogenden Wolken...

FRÉDÉRIQUE *(vor sich)*. Hast du meinen Großvater gekannt? Man sagt, er hätte diese ausgerodeten Birken gepflanzt... Man sagt, man hätte sie vor meiner Geburt gefällt... Nichts begreife ich davon...

DER GÄRTNER. So war es. Wir haben uns sehr nahe gestanden... Abends hat er es gepflegt, sich auf die Steinbank zu setzen, vor das Haus *(hier zeigt er kurz mit dem Stock den Platz vor dem Haupteingang, worauf er sich wieder abstützt)*. Heute gibt es auch die Bank nicht mehr... Er hat da so bis in die späte Nacht gesessen, es schien, als ob er sich ganz und gar nicht bewegt, eine Schneeeule möchte man beinahe meinen. Man wollte ihn so schon der Abtei in Maillezais anvertrauen, als er auf einmal aufgestanden ist, deinem Vater in die Augen geschaut und gesagt hat: „Deine Augen sind geschlossen, Julien, obgleich du mich anblickst. Du siehst diese Bank hier nur, und einen Greis darauf, wie du deine Mutter auch gesehen hast, als sie auf dem Sterbebett gelegen hat..." Dann ist er nach Hause gegangen, und am nächsten Tag ist er nicht mehr wieder aufgestanden... Er ist eingeschlafen, und der Schlaf hat seinen müden Körper auf das andere Ufer hinüber getragen... Und es ist nun soweit, dass ich hier alleine in diesem großen, ja allzu großen Garten für mich bin... Seine Bäume, die ich einst gepflanzt habe, überragen mich nun alle, allesamt *(er hebt den Kopf, hält inne eine Zeit lang, dann)*... Die großen Zypressen und Pappeln, die den Park umranden, die Apfelbäume hinter am Haus im Garten... Alles steigt in den Himmel, während ich immer kleiner werde... ich löse mich nach und nach auf...

FRÉDÉRIQUE *(hebt den Kopf ein wenig, dann)*. Och, hör auf, bitte *(sie wischt gleichsam unbemerkt die Tränen ab)*. Die Vögel sind unruhig am Abend *(horcht)*...

DER GÄRTNER *(schaut eine Weile zum Haus)*. Man hat schon die Lichter im Haus angezündet. Das macht sie unruhig. Niemand geht abends hinaus, um sich durch den Fliederduft nicht betäuben zu lassen...

FRÉDÉRIQUE *(schaut zum Haus)*. Diese Amsel ist irgendwie unruhig. Sie fliegt auf, dann ist sie, möchte man sagen, in allen Gärten zugleich...

DER GÄRTNER *(vor sich)*. Es dämmert schon. Dein Vater wird ungeduldig sein, wenngleich er weiß, dass ich die Abende oft mit mancherlei Erinnerungen gerne genieße, und selbst werde ich nicht mehr Herr darüber. Alles wird so schwer... Die Vergangenheit holt mich ein, und ich kann nichts tun und fühle nur, wie manchmal die Tränen mein faltiges Gesicht benetzen... Als Junge habe ich nie daran gedacht, und plötzlich stehst du vor dem Spiegel und siehst eine jede Sekunde deines Lebens... Die Freude im aufblühenden Garten…, einen Lauf hinter einem Schmetterling…, und die Bootsüberfahrten durch die Kanäle mit deinem Großvater...

FRÉDÉRIQUE *(schaut vor sich)*. Nimmst du mich morgen mit an die Teiche? Man sagt, darauf würden seltsame Vögel übernachten...

DER GÄRTNER. Man müsste deinen Vater zunächst fragen. Ich glaube aber, er wird nichts dagegen haben, zumal er vom Dienste immer späten Abends nach Hause kommt und wird wohl ansonsten dankbar sein, wenn du ein wenig diese Gegend kennen lernst. Er ist zu beschäftigt… Als Georgette, deine selige Mutter, noch unter uns weilte, da habe ich sie oft an die Teiche mitgenommen... Ich musste gleich an sie denken... Och, ich bin schon alt und nur im Garten fühle ich mich alleine noch sicher... Mein Körper versagt immer mehr, er zerbröckelt, wie eine Scholle, und was ich auch immer täte, nichts vermag es zu ändern... Die Einsamkeit erinnert mich immer an die vergehende Zeit. Wenn man unter Menschen ist, so bleibt man nie derselbe wie in der Stille. Obwohl vor sich selbst verraten, wollen wir den Schein beibehalten, als wenn es die Zeit nicht gäbe, doch Gott sei mir Zeuge, dein Großvater hatte Recht gehabt, unsere Augen sind allzu oft geschlossen, ganz so, als wenn die Welt aus zwei, drei Stuben gebaut worden wäre, durch die wir gelangweilt herumirren, da wir bereits Gestalt und Platz einer jeden Sache kennen, in der Meinung verbleibend, nichts könnte da unserer Aufmerksamkeit entgehen... Doch gehen wir, der Abend wird langsam kälter...

(*Sie stehen auf und gehen Richtung Haus. Der Gärtner stützt sich auf seinen Stock, Frédérique hält in der Hand eine gepflückte weiße sternenförmige Anemone. Vor dem Eingang sieht man eine wartende Gestalt in einem langen Gewand stehen.*)

ZWEITE SZENE

(*Nächsten Tages am dämmernden Teich. Ein später Nachmittag. Der Himmel ist immer noch mit Wolken bedeckt, unter denen heraus aber hie und da Sonnenstrahlen durchscheinen und mit ihrem Glanz auf der Wasseroberfläche spielen. Frédérique sitzt auf einem Felsen, der Gärtner, sich stützend, geht hin und zurück am Ufer in einer gewissen Entfernung von ihr und schaut immer wieder zum Teich. Rechts von Frédérique steht ein Lampion mit einer gelben Kerze darin. Ein kühler Wind treibt die Wellen des Teiches und verleiht ihnen Gestalt einzelner, die Wasseroberfläche schneidender querliegender Bäche.*)

DER GÄRTNER. Ich bin so müde nach dem ganzen Tag. Seit heute früh habe ich mich so gut wie nicht gesetzt. Im Garten gibt es stets so viel zu tun. Man müsste bald an einen jüngeren Gärtner denken. Meine Beine fangen an zu zittern, ich habe beinahe keine Macht mehr darüber, ich entferne mich von meinem Körper nach und nach wie ein Boot vom Ufer... Und ich habe gedacht, als ich jung war, der Körper gehöre nur mir allein, weiß Gott, wie oft wir einem Schein verfallen und das, möchte man meinen, bei vollkommen eindeutigen Angelegenheiten!... Wenn ich am Spiegel vorbei gehe, mag ich ihn nicht anschauen, seinen Trug. Ja, man müsste an einen anderen Gärtner denken...

FRÉDÉRIQUE. Aber!... Bitte, sag so etwas nicht!... Ich fürchte mich vor einem Fremden, der unseren Garten betritt. Fast alle haben es eilig, Tag für Tag... Sie sagen: „Einen Augenblick!" Oder: „Ich gehe schnell!" Oder auch: „Gleich bin ich wieder zurück...Moment...ich komme schon!" Alles tun sie mit Eile, die sie verliert... Nein, sie sind schon verloren... Sie zerren so nur herum wie ein Fisch im Netz, der in seiner eigenen Hilflosigkeit befangen ist... Aber, sollten wir denn nicht den Vögeln lauschen?...

DER GÄRTNER *(bleibt stehen, schaut sie einen Moment an)*. Freilich! Zu viele Worte... *(Setzt sich langsam auf einen Felsen neben sie.)* Lass mich bitte ausruhen. Der Weg zum Teich hat mich ein wenig erschöpft, dabei kann ich mich daran erinnern, wie ich um die Wette mit deinem Großvater gelaufen bin, da jeder einen guten Platz für den nächtlichen Fischfang für sich beanspruchen wollte... Die ganze Nacht über haben wir Wache gehalten, in der Stille gesessen und den Fang unseres Lebens erwartet... Es war auch schon mal vorgekommen, dass wir bei der Wache eingeschlafen und erst am frühen Morgen wieder aufgewacht waren, als er in den Nebel, der sich langsam aufzulösen begann, einen roten Streifen warf ... Wir haben das Wiehern der Pferde gehört, die man über die Nacht auf den Weiden gelassen hat... Im Winter haben sie am Waldrand völlig bewegungslos gestanden, man möchte meinen, das Leben wäre aus ihnen in der Frühe verdampft, und dann siehst du den Dampft, der sich aus ihren Nüstern hebt...

FRÉDÉRIQUE *(schaut vor sich und deckt sich mit einem dunkelroten Plaid).* Weißt du, wenn ich so sitze, scheint mir, ich wäre an einem großen Teich in den Bergen, in einem Tal da...

DER GÄRTNER. Ich kenne diese Erinnerungen allzu gut. Dein Vater hat dich einst mit in den Norden genommen, nicht wahr denn?... Zu deiner Tante. Man muss eine weite Strecke zurücklegen, um sie zu erreichen. Man sagt, sie sei so seltsam in ihrer Einsiedelei, da sie wie ein Eremit lebe... Aber ich weiß selbst nicht, was besser ist...

FRÉDÉRIQUE. Sie hat einige Pferde und der Onkel besucht sie ab und zu.

DER GÄRTNER. Ja.... Die Pferde haben verkauft werden sollen. Ich überlege nur, wie sie da, bei Gott!... nur überlebt, fast nie verlässt sie das Haus. Man könnte meinen, sie wäre bereits eine Heilige in ihrem Fasten...

FRÉDÉRIQUE. Früher hat man mir es verboten, sie zu besuchen, ich weiß selbst nicht, warum... Vater hat gesagt, das wäre kein Anblick für meine Augen...

DER GÄRTNER. Manchmal könnte man meinen, wenn man versucht, sich der Natur zu widersetzen, so erringen wir hie und da Siege, aber glaube mir, wir sind hilflos, und die Wahlen der anderen sind lediglich eine Multiplizierung eines einst beschlossenen Schemas. Es scheint, wir schauen weg, ab von der Natur, aber in Wirklichkeit tun wir Tag für Tag nichts anderes als selbst in den von uns alleine geschaffenen Imaginationen zu zappeln. Alles liegt in unserem Geiste. Er ist allmächtig und unerbittlich. Er schmiedet Pläne neben derer von uns, meint man, von uns selbst vorgenommenen Entscheidungen...

FRÉDÉRIQUE. Und dennoch unterscheiden wir uns so sehr voneinander. Nicht wahr?...

DER GÄRTNER. Man könnte so tatsächlich meinen, doch, glaub mir, wenn du in meinem Alter bist, wirst du Dinge sehen, die du nicht möchtest...

FRÉDÉRIQUE. Was denn für Dinge?...

DER GÄRTNER. Du bist noch so jung... Die Zeit vergeht für dich wie der Wind in der Atacama... Immerfort in Bewegung, jeden Tag... Für mich haben die Dinge ihre Eile verloren. Hörst du den Wind?...

FRÉDÉRIQUE. Ja, er ist wie eine Schleife, welche die Abendstimmen hebt, hierhin und dorthin...

DER GÄRTNER. Für mich weht er gleichmäßig stark. Ich kenne seine Wege. Er ist für mich wie ein treuer Hund. Für ihn existiert die Zeit nicht, ich gehe langsam und wir finden uns inmitten der Stille wieder, wie in der Mitte eines Wirbelsturms, während du ihn über die Steppe toben siehst...

FRÉDÉRIQUE. Ich möchte eine solche Ruhe besitzen...

DER GÄRTNER. Sie kommt zu dir eines Tages... Du wirst merken, wie sich alles langsam hin in die Ferne zu bewegen scheint...

FRÉDÉRIQUE. Mir ist manchmal, als hätte ich die ganze Welt im Kopf... Wenn ich nur die Augen schließe, sehe ich Hunderte von Dingen, die zu mir sprechen...

DER GÄRTNER. Horch!

FRÉDÉRIQUE. Alles scheint mir sich in ein unzertrennliches Ganzes zu verbinden, wenngleich ein jedes dieser Dinge für sich allein lebt. Mir ist, als würden abends die Flieder mit ihrem Duft singen und zum nächtlichen Fest die Sträucher der vielen Obstgärten einladen... Die violetten Düfte vermischen sich nach und nach mit dem Halbdunkel und indem sie sich sättigen, gehen sie purpurn in die Finsternis der Nacht über. Das macht die Vögel unruhig und versetzt sie in eine seltsame Erregung...

DER GÄRTNER. Diese deine Worte…, als höre ich bei Gott deine selige Mutter... Sie war so zart... ihre Sprache leise, doch immer voller lichten Sinnes. Nichts Überflüssiges hat ihren Geist gefangen, keine zweideutige Notwendigkeit...

FRÉDÉRIQUE. Es wird immer kälter... *(Sie schmiegt sich ans Plaid.)*

DER GÄRTNER. Ich bin mir sicher, dass der Frost heute Nacht nochmals kommt, obgleich es eigentlich schon beinahe Frühling ist...

FRÉDÉRIQUE. Der Frost wird sicherlich alle Rosen schneiden und du weißt, dass sie gerade erst junge Blätter und Knospen entwickeln...

DER GÄRTNER. Die Natur spielt mit uns... Sie ist unbarmherzig in ihrer unwiderstehlichen Schönheit... Kaum haben wir an ihre Reize zu glauben begonnen, schon stellen sie sich nicht weiter als eine Maske heraus... Nichts enthüllt vor uns sein eigentliches Wesen. Wir gleichen Blüten, die an der Wasseroberfläche kreisen. Was wir auch tun, stets bleiben wir an der Oberfläche, uns verliert unsere eigene Äußerlichkeit, die wir gerne zur Schau stellen... *(nach einer Weile)* Ich weiß nicht, ob es eine gute Idee war, hierhin an den Teich zu gehen. Ich mache mir Sorgen um deine Gesundheit. Dein Vater würde es mir nie verzeihen, wenn du erkrankst. Dabei bist du schon von so einer schwachen Gesundheit, deiner Mutter ähnlich...

FRÉDÉRIQUE *(steht auf und nimmt die Lampe, die sie anzündet).* Gehen wir also, ich friere ohnehin schon seit einiger Zeit und die Vögel hört man immer noch nicht. Die Dunkelheit hat alles verhängt...

DER GÄRTNER *(nimmt die Lampe und geht vorne, hinter ihm einen Schritt weiter Frédérique).* Trotz der Laterne eine undurchdringliche Finsternis... Der Weg ist nur mit Felsen bedeckt... Seit langem habe ich ihn nicht mehr betreten. Alles verliert sich in der Dunkelheit...

FRÉDÉRIQUE. Wir hätten früher heimkehren sollen. Zu Hause hat man sicherlich nach uns geschickt, oder die Dienstleute stehen vor dem Eingang und rufen uns zu... Hörst du etwas?...

DER GÄRTNER *(geht langsam vor sich, in der Dunkelheit befangen, in der sein ganzes Wesen versunken ist, schweigt).*

FRÉDÉRIQUE *(erschrocken, lauter).* Hörst du die Rufe?...

DER GÄRTNER *(zu sich, leise).* Diese Dunkelheit, Gott gebe, dass wir heil heimkehren...

FRÉDÉRIQUE. Was sagst du?... Mir scheint, du hättest etwas gesagt... Der Wind fängt an, sich zu bewegen und ergreift deine Worte...

DER GÄRTNER *(zu sich)*. Der Wind fängt an, sich zu bewegen...

FRÉDÉRIQUE *(erschrocken)*. Siehst du das Licht?...

DER GÄRTNER *(zu sich)*. Gott gebe, dass wir das Licht aus dem Hause erblicken, der Weg scheint kein Ende zu nehmen...

FRÉDÉRIQUE. Haben wir denn aber wirklich den richtigen Weg genommen? Es wird immer kälter...

(Plötzlich erscheint im Dunkeln ein Licht in der Ferne, ein Rufen.)

FRÉDÉRIQUE. Hast du das gehört?... Jemand ruft! Es sind Rufe!

DER GÄRTNER *(in das Laternenlicht hinstarrend)*. Gott gebe, dass wir uns nicht verirren...

FRÉDÉRIQUE *(ruft verzweifelt)*. Hier! Hier!

DER GÄRTNER *(fällt hin, stößt mit dem Kopf dabei gegen einen Felsen. Das Laternenlicht erlischt. Stille. Frédériques Rufen)*.

FRÉDÉRIQUE *(ruft aus allen Kräften, tastet mit den Händen in der Dunkelheit)*. Hier! Bei Gott, hier! Wo bist du?... Sag doch etwas! *(Schrei)* Hier!

(Ein Rufen in der Ferne. Frédérique stolpert und stößt mit den Händen dabei auf einen Felsen.)

FRÉDÉRIQUE *(erschrocken).* Bei Gott, was ist das?! Wo bist Du?! Was ist mit dir?! Was ist das!? Gott, es sind Haare! *(Schrei)* Hier! *(vor ihr bewegt sich das Schilf)* Gott, erbarme dich! Was ist das?! Wer ist da?! Was... *(aus dem Schilf hinaustretend, erscheinen zwei Gestalten)* Gott, nein! Wer ist da! Was... *(Sie fällt ohnmächtig hin. Ein plötzliches Laternenlicht. Vor ihr erscheinen der Vater mit den Dienstleuten.)*

DER VATER *(zu den Dienstleuten).* Barmherziger Gott, nehmt sie, nehmt sie schnell nach Hause! Wo ist der Gärtner? *(Er leuchtet mit der Laterne vor sich. Vor ihm erscheint der Körper des Gärtners. Sein mit Blut bedeckter Kopf liegt auf einem Felsen. In der Hand hält er mit sichtbar festem Griff die erloschene zerbrochene Laterne. Der Vater bleibt sprachlos. Er nimmt die kalte Hand des Gärtners, um sie gleich darauf wie ein welkes Herbstblatt fallen zu lassen. Er entfernt sich mit den Dienstleuten Richtung Haus, das sich kaum mehr als einige zehn Meter weiter befindet. Zu den Dienstleuten.)* Lasst sie im Haus! Schickt nach dem Doktor! Schickt nach dem Gärtner!

(Die Dienstleute teilen sich auf. Während die einen nach dem Doktor eilen, entfernen sich die anderen nach dem Gärtner, dessen Körper durch den Seiteneingang schließlich eingetragen und in einer für den Dienst bestimmten Stube aufgebahrt wird.)

DRITTE SZENE

(Im Salon. Der Vater und der Doktor sitzen sich gegenüber an einem großen dunkelbraunen Tisch. Zur Rechten, gegenüber der zum Garten hinausgehenden Tür, eine weiße Kaminecke. An den Wänden hängen Bilder, welche die hiesige Gegend darstellen. Es ist Abend. Frédérique schläft im Zimmer der oberen Etage mit einem Blick zum Obstgarten.)

DER VATER. Eine Woche vergeht schon seit dem Unfall am Teich, und sie schläft kaum. Jetzt schläft sie aber erschöpft, doch nachts werden die Dienstleute wachsam sein müssen. Sie will immer wieder aus dem Haus und den alten Gärtner suchen. Bei

Gott, ich kann ihr doch nicht sagen, was wirklich passiert ist. Das würde sie zermalmen. Ihre Mutter hat sie bereits auf demselben Wege verloren, als sie noch Kind war. Diese Gegend ist tot, und die Toten bewohnen sie. Es ist an der Zeit, um an einen Wechsel des Gutes zu denken...

DER DOKTOR. Vielleicht ist die Gegend gar finster, doch die Meeresluft tut ihr gut.

DER VATER. Und immer wieder diese Fieberbilder. Mir scheint, sie würde schlafen und Ungesundes träumen, und wenn ich ihre Stube betrete, sitzt sie auf dem Bett und beginnt zu schreien, Mal um Mal, versteht Ihr. Wird sie denn einmal wieder gesund werden? Ich muss doch daran glauben, Gott sei mir Zeuge, glauben muss ich!

DER DOKTOR. Nichts außer Geduld! Man kann auch Elektrisieren verschreiben aber der Weg nach Paris ist weit, in ihrem Zustand…, Salpêtrière überfüllt, die großstädtische Luft erweist bei weitem keine besseren Dienste in einem solchen Fall. Indes soll sie hier verbleiben.

DER VATER. Nun, wir wollen noch bis zum Sommer bleiben, und Anfang Herbst, wenn die Stürme und Regen beginnen, wenn nun nichts anders wird… *(entschieden)* ...Ihr werdet uns dann in Paris anmelden.

DER DOKTOR. Aber wieso denn diese Eile? Derartige Komplikationen bedürfen Zeit...

DER VATER. Meint Ihr denn nicht, sie müsste die Umgebung wechseln? Nirgends habe ich Ruhe finden können. Als ich das Gut gekauft hatte, hörte ich dasselbe aus dem Munde meines Schwiegervaters, als ich nämlich Georgette nahm. Ich hatte noch eine Hoffnung gehegt, dass sie die Meeresluft von den Qualen löst. Und nun Frédérique... Manchmal denke ich, ich wäre an alldem schuld... Ganze Tage bin ich außer Haus, immer auf Reisen...

DER DOKTOR. Wozu sich denn nur für alles verantwortlich machen? Seid vernünftig! Ich schaue in der Woche einmal vorbei, das genügt vollkommen in dem Fall. Euch braucht sie, nicht einen Doktor, und was ich tun kann, werde ich auch unternehmen. Soll also bis zum Herbst die Zeit zeigen, wie es um alles steht. Mit den Tagen kommt auch die Wärme, da geht man des Öfteren lieber ans Meer, das wird sie und Euch von allem Ungesunden lösen... *(langsam steht er auf, hält in der Hand einen schwarzen Hut und reicht dem Vater die Hand).* Ich habe schon andere Fälle gesehen, glaubt mir. Es besteht eine Chance und Ihr habt hier wie in den Heilbädern, eilt nur nicht, da gibt es keinen Grund dazu... *(Nach dem Händeschütteln, geht er aus dem Salon hinaus und verlässt leise das Haus. Unterdessen setzt sich der Vater abermals auf das Kanapee, schließt die Augen und vergräbt seinen Kopf in den Händen. Und es ist so, als hielte man verzweifelt einen mit kostbarem Wein gefüllten Krug, der aber durch einen unvorsichtigen Umgang beinahe zerbrach, und da sich die Hände nun langsam von ihm zu lösen beginnen, bröckeln seine Teile, einer nach dem anderen, auf den Boden und lassen den Wein zwischen den Fingern durchsickern, Tropfen um Tropfen. Und nun können weder die Scherben aufgesammelt werden, denn die beiden Hände sind immer noch beschäftigt, noch ist daran zu denken, den Krug weiter zu halten, der nach und nach aber leerer wird.)*

VIERTE SZENE

(Dieselbe, helle Nacht, zur späten Stunde. Frédériques Stube. Das Mondlicht fällt auf ihr Gesicht, ihren Hals. Von den nahe gelegenen Teichen hört man Stimmen der Wildgänse, wie einen Kinderruf, kurz, abgerissen gleichsam, hin und wieder. Frédérique liegt lediglich mit einem Musselintuch bedeckt. Fein gewobene Vorhänge bewegen sich kaum.)

FRÉDÉRIQUE *(gleichsam wie im Schlafe).* Sie steht plötzlich alleine inmitten einer morgendlichen Wiese, die von allen Seiten mit einem Streifen Nadelwald umgeben ist, der nach dem aus der Rinde fließenden honigfarbenen dunkelbraunen Harz duftet, als über ihr plötzlich eine Schar Kormorane fliegt und den ganzen Horizont mit einer brodelnden dunklen Wolke bedeckt. Erschrocken fällt sie jäh auf die Knie und verbirgt ihr Gesicht und Ohren vor dem kein Ende nehmen wollenden Lärm. Was sie aber auch tut, durchdringt sie dieses Geräusch immer tiefer, um sie endlich vollkommen zu ergreifen und in seine Macht zu schließen. Sie fällt dann vornüber auf den Kopf und taucht ihr Haar in den bereits dämpfenden Tau, der nun ihre Stirn und die Wangen herabfließt, zurück in die Schwärze der Erde, fließt wie über die Schmetterlingsflügel herab, die noch gespannt sind vom nächtlichen Schlaf, Tropfen um Tropfen. Indes arbeiten ihre Augen ununterbrochen. Sie hebt langsam den Kopf von der Tiefe der Erde hoch und setzt sich auf den Tau. Um sie herum herrscht Stille. In der Ferne hört sie nur die Unkenrufe auf den umgebenden Teichen, ununterbrochen, Tag und Nacht über die Gegend aufsteigen. Ihr dunkles Haar, mit dem Duft von Moos und Tau erfüllt, schmiegt sich an die Schulter. Sie nimmt es auf zu einem Dutt, steht auf, verweilt so noch ein wenig, um nur langsamen Schrittes zur Quelle zu gehen, die sie jeden Morgen besucht. Sie füllt sich mit dem Raum um sie vereint. Alles ist sie und sie alles. Die Sonne steigt immer weiter am Himmel und erreicht beinahe den Höhepunkt, blendet sie. Sie schließt die Augen.

FÜNFTE SZENE

(Ein Heller Morgen. Die Tür geht langsam auf, darin erscheint der Vater. Frédériques Gesicht ist ruhig. Alle sie durchschneidenden Furchen einer Gespanntheit schwanden. Ihre Stirn fließen Schweißtropfen herab und fallen auf die weiße Bettdecke. Die Tür schließt sich. Man hört die sich entfernenden Schritte, schließlich das Schließen der Tür unten im Salon.)

Langsam, gleichsam wie vom Ballast bleichschwerer Anspannung befreit, öffnen sich ihre dunkelbraunen glänzenden Augen. Sie liegt so frei von den sie quälenden Gedanken, die noch nicht erwacht sind, ermüdet durch die Qual der letzten Tage, in denen sie an den Gedanken mit der darin aufgebrachten Furcht ununterbrochen zerrten. Es ist das erste Mal seit dem Unfall am Teich, dass sie verweilen kann, wie in einer Meditation indischer Joga-Gurus, die jegliche Fremdheit von sich weisen. Doch daran denkt sie nicht. Sie denkt an gar nichts. Sie begehrt nichts und nichts stört ihren Zustand, als wenn sich ihr Wesen wie in die Untiefen des Wassers hineingetauchtes Haar gelöst hätte. Eins nach dem anderen, langsam mitgenommen durch den Strom einer Hunderte von Meilen entfernten Quelle. Dieser ihr Zustand, eine unbegreifliche

Kehrseite der letzten Tage, lenkt indes die Aufmerksamkeit der Hausbewohner auf sich. *(Ein Eilen der Schritte auf der Treppe, die aber vor der Tür stehen bleiben. Sie wird ein wenig angelehnt. Darin erscheint ein rotes Gesicht des Doktors. Da er sie im Zustand einer vollkommenen Apathie sieht, geht er langsamen Schrittes näher ans Bett und versucht unbemerkt, seinen unruhigen Atem anzuhalten. Unterdessen scheint sie diesem vollkommen gleichgültig zu sein. Man misst ihren Puls, untersucht ihre Stirn, von welcher der Schweiß dieses für alle unbegreiflichen Zustandes abgewischt wird. Es fallen bedeutungslose Worte und rollen, Perlen gleich, auf den Boden wie eine Korallenkette, die durch eine plötzliche Bewegung gerissen wird, um schließlich in der Ecke an der Tür stehen zu bleiben. Noch einige nebensächliche Worte und der Doktor verlässt das Zimmer, bewegt sich mit einem scheinbar schon beherrschten Schritt und geht so die steile Treppe hinunter geradenwegs in den Salon, vor dem ihn bereits Frédériques Vater erwartet.)*

SECHSTE SZENE

(Der Vater und der Doktor sitzen sich gegenüber im Salon am langen Tisch.)

DER VATER *(wie mit einer jeglicher Hoffnung eingebüßter Stimme).* Es ist also bereits zu spät? Barmherziger Gott, immer zu spät, für alles e w i g zu spät…

DER DOKTOR *(mit einer scheinbar beherrschten Stimme, hält in der Hand einen gerade aus der Tasche herausgeholten Brief, den er dem Vater zuschiebt).* Wir haben damit gerechnet. Das Los ist ein Wächter mit Argusaugen. Niemand geht an ihm vorbei… Und dennoch, lest ihn bitte…

DER VATER *(vor eine Weile gerade noch mit gesenktem Kopf schaut nun gerade in des Doktors Augen, worauf er nach dem Brief greift, mit einer beinahe geräuschlosen Bewegung die Hand über den Tisch schiebend. Er öffnet ihn, liest und steckt ihn wieder in den Umschlag. Im Halbton, hält immer noch den Brief).* Also doch Salpêtrière... Ist das alles?...

DER DOKTOR. Ich habe die Angelegenheit sorgfältig untersuchen lassen, ich hielt mich zurück mit der Nachricht in der Hoffnung... Allerdings habe ich mich heute überzeugt, obgleich ich Euch selbst dazu zu überreden gesucht habe, Frédérique am Meer doch noch ruhen zu lassen, damit sich die Dinge klären. Doch nun muss man ihren jungen gequälten Körper einer Kontrolle übergeben, und Gott sei mir Zeuge, ich bin der Letzte, der das Kind, wie doch sein eigenes beinahe, aus dem Haus zerren lässt. Ihr seht selbst, wie es um die Dinge steht. Schaut in ihre Augen, sie sehen die Welt nicht mehr. Gott habe Erbarmen mit uns, dass wir die Dinge so weit haben kommen lassen *(in dem Augenblick ertönt in der Stube oben ein kurzer, gleichsam gerissener Schrei, worauf ein gewaltiger Sturz wie eines fallenden Leibes zu hören ist. Der Doktor und der Vater fahren auf beinahe gleichzeitig von den Stühlen).*

DER DOKTOR *(hält den Vater am Arm)*. Erlaubt! Ich schaue nach.

DER VATER *(erschrocken)*. Aber!... *(Hinter dem Fenster hört man Hundegebell.)*

DER DOKTOR. Und Ihr schaut unterdessen, was da draußen vor sich geht... *(Der Vater geht ans Fenster heran, schaut aber noch dem Doktor nach, worauf er die Gardinen vorsichtig zur Seite schiebt, während jener sich schnellen Schrittes auf die Etage in die Stube begibt. Sein Schrei. Danach verdeckt er jedoch schnell seinen Mund und beherrscht sich. Er geht in den kleinen dunklen Flur rasch hinaus und schaut eine Weile so nach unten in den Salon, ob es der Vater zufällig doch nicht gehört hätte. Er kehrt an die Schlafstube wieder zurück und schließt langsam die Tür. Indes steht der Vater am Fenster. Die Geräusche sind verstummt. Eine vollkommene Stille. Der Doktor geht herunter langsam in den Salon. Er geht ans Fenster, an dem der Vater Ausschau hält.)*

DER DOKTOR *(schaut zusammen mit dem Vater)*. Habt Ihr denn jemanden entdeckt?

DER VATER *(dreht sich zum Doktor rasch um)*.

DER DOKTOR *(legt seine Hand auf des Vaters Arm)*.

DER VATER *(schaut dem Doktor in die Augen, worauf er auffährt).* Und was bei Gott? Was?...

DER DOKTOR *(ausweichend, mit Mühe).* Habt Ihr jemanden bemerkt? *(Als wenn er dem Vater die Hand gibt, will er den Brief wieder an sich nehmen, der aber in des Vaters rechter Hand wie in einem Schraubstock steckt. Er zeigt mit einer Geste auf den Brief. Zu ihm.)* Erlaubt… *(Er nimmt aus seiner Hand den Brief und steckt ihn in seine Hosentasche wieder ein.)*

DER VATER *(schaut konsterniert den Doktor an).* Aber...

DER DOKTOR *(fasst mit der linken Hand seinen Arm, drückt ihn so und klopft leicht dagegen).* Gott stehe uns bei!...

Adam Jarosz

Die Rückkehr
und andere Erzählungen

ISBN 978-3-8382-0176-4
174 S., Paperback, € 24,90

Erhältlich in jeder Buchhandlung
oder direkt bei

Edition Noëma

Wie wäre es, wenn wir einfach die Augen schlössen und uns vom Duft einer Brise, von Meeresrauschen und Morgennebel über einer erwachenden Heide umwehen ließen? Oder haben wir das Träumen verlernt?
Adam Jarosz lässt uns in seinen in diesem Band versammelten Erzählungen die seltenen Momente traumhaften Glücks wiedererleben und beschwört mit seiner sanften Sprachmagie Empfindungen herauf, die tief in uns ihrer Erfüllung harren.

Doch plötzlich roch es nach frischem Fenchel, und mit einem Male musste ich an meine kleine weiße Kapelle denken, die am Ufer des weiten Ozeans einsam steht. Sie ist von überall her mit in kleinen Büscheln verstreutem Fenchel umgeben, und von weitem sieht man die Blüten wundersam gelb blühen; ihr Duft wird vom Wind über die ganze felsige Ebene getragen. Es ist ein Duft, den man nie vergisst, auch im tiefsten Schlaf nicht, der keinerlei Auslegung braucht, von niemandem.

Adam Jarosz wurde 1974 in Bielsko-Biała (Polen) geboren. Nach seinem Abschluss in Germanistischer Philologie (Schlesische Universität, Katowice/Kattowitz) sowie in Slavischer Philologie (Marburg und Gießen) ist er Wissenschaftlicher Mitarbeiter und Doktorand im Fachbereich Slavistik an der Universität Gießen. Er ist Autor zahlreicher Prosatexte und Gedichte in mehreren Anthologien.

Edition Noëma *ibidem*-Verlag • Melchiorstr. 15 • 70439 Stuttgart • Tel.: 0711/9807954 • Fax: 0711/8001889
info@edition-noema.de

Edition Noëma
Melchiorstr. 15
D-70439 Stuttgart

info@edition-noema.de
www.edition-noema.de
www.autorenbetreuung.de

Zeitfracht Medien GmbH
Ferdinand-Jühlke-Straße 7
99095 Erfurt, Deutschland
produktsicherheit@kolibri360.de